本书由2019年同济大学研究生教材建设项目资助

会话分析与汉语国际教育

刘运同 著

同济大学出版社

图书在版编目(CIP)数据

会话分析与汉语国际教育 / 刘运同著. —上海：同济大学出版社，2020.12

ISBN 978-7-5608-9518-5

Ⅰ.①会… Ⅱ.①刘… Ⅲ.①语言分析②汉语—对外汉语教学—教学研究 Ⅳ.①H0②H195.3

中国版本图书馆 CIP 数据核字(2020)第 178951 号

会话分析与汉语国际教育

刘运同 **著**

责任编辑 丁会欣 **责任校对** 谢卫奋 **封面设计** 陈益平

出版发行 同济大学出版社 www.tongjipress.com.cn
(地址：上海市四平路 1239 号 邮编：200092 电话：021-65985622)
经　　销 全国各地新华书店
印　　刷 常熟市华顺印刷有限公司
开　　本 710 mm×960 mm 1/16
印　　张 12.25
字　　数 245 000
版　　次 2020 年 12 月第 1 版 2020 年 12 月第 1 次印刷
书　　号 ISBN 978-7-5608-9518-5

定　　价 48.00 元

前言

FOREWORD

本书来自为同济大学国际文化交流学院汉语国际教育专业学位硕士研究生（以下简称"专硕生"）开设的课程"学术研究与论文写作指导"的教学实践。设置汉语国际教育专业硕士学位的目的是快速培养从事汉语教学的高层次、应用型、复合型人才，经过系统的学习和培养，要求他们具有熟练的汉语作为第二语言的教学技能和良好的跨文化交际能力，能够胜任多种教学任务。由于这一专业学位设置时间短，通过何种方式高效地培养合格的教学人才，仍处于探索阶段。为了帮助专硕生提升教学能力，并顺利完成毕业论文的写作，国际文化交流学院为专硕生开设了"学术研究与论文写作指导"课程。目前供专硕生使用的论文指导教科书还不多，如亓海峰、曹儒主编的《汉语国际教育硕士学位论文写作分析与指导》，对常用的五种类型的论文的特点进行了具体的解说，具有很强的实用性。又如周红主编的《汉语研究方法导引》，结合大量案例，对汉语研究中常见的一些理论和方法进行了系统介绍。显然，每种教科书都各具特色，但都无法涵盖专硕生所需的广泛知识和能力。在对专硕生进行科研方法和写作方法的训练时，既要注重覆盖面，让学生熟悉各种常用的科研方法；又要有所侧重，让学生较为深入系统地学习某些科研方法。《会话分析与汉语国际教育》一书不是用来对专硕生进行全面系统科研方法训练的教材，而是帮助专硕生对某一个侧面进行深入系统学习的参考书。它可以跟目前常见的教科书配合使用，也可以作为该门课程指定的参考文献。

诚如书名所显示的，本书的主要目的是阐述会话分析（Conversation Analysis）这一跨学科的研究方法对汉语国际教育的作用。具体来说，本书分别讨论了会话分析对口语研究以及国际汉语师资培训的作用。

本书大致分为三个板块：①缘起；②基础；③应用。"缘起"部分简要说明了在汉语国际教育中引入会话分析的理由和依据。"基础"部分较为系统地介绍和说明会话分析在研究方法和理论上的特点。“应用”部分分别展示会话分析对口语语法以及师资培训的借鉴作用。因为我们的教学对象是汉语国际教育的专硕生，在本书中，有时为了更准确地向学习者说明会话分析的理论，特意引用了英文原文。在具体应用部分，则通过案例的研究，来完整地展示会话分析带给我们的收获和启发。三个部分互相依存，又有一定的独立性，可以单独使用。

为了帮助读者更好地理解本书的主要内容，在这里对会话分析对汉语国际教育的重要作用进行简短的概括。首先，会话分析把录制的自然会话当作研究对象，真正提升了口语在语言研究中的地位。会话分析在研究中注重观察、研究交际者如何通过语言及其他手段一步一步地来实现自己的目的，完成他们特定的社会活动。会话分析无论从研究对象还是研究方法来看，都对语言研究产生了深远的影响。从事汉语国际教育的教师和研究者可以借鉴会话分析的方法来扩展深化汉语口语的研究。其次，作为一种跨学科的研究人类交互活动的学科，它具有鲜明的特点和突出的优势。会话分析坚持利用真实交流活动的录音或录像进行研究。会话分析具有严格的分析程序，它认为研究者可以通过分析研究者的交流活动本身来发现他们建构世界的方法。因此，把会话分析的研究方法引入汉语国际教育师资培训领域，不仅有助于改善目前汉语国际教育专硕生课堂观察不深入、不系统的问题，也为未来教师观察和分析课堂，进行课堂研究提供一个有益的工具，以促进他们的专业成长。

本书的使用对象不仅包括汉语国际教育的专硕生，也包括对口语研究和汉语国际教育研究（特别是师资培训）感兴趣的教师及研究者。

刘运同

2020 年 2 月 3 日

常见转写符号

SYMBOLS

[	左边的方括号表示重叠话语开始的地方。
]	右边的方括号表示重叠话语结束的地方。
=	在一行话语的结束和另一行话语的开端，或者在一行话语的内部表示没有间隔。
(.)	表示极短的停顿，一般少于 0.2 秒。
(0.0)	表示以秒为单位的停顿，例如(7.1)表示 7.1 秒的停顿。
word	表示强调，可能是通过增加音高、响度的方法来达到。
:	表示前面声音的延长，冒号越多表示延长得越厉害。
-	表示声音的突然结束。
?	表示上升的语调。
.	表示下降的语调。
,	表示继续的语调。
!	表示强调或者欢快的声音。
*	表示后面的言语的发音低沉而沙哑。
↑ ↓	表示急剧的上升和下降语调，放在开始变化的语调前面。
a :	不那么明显的音高下降用冒号前的下划线表示。
a :	不那么明显的音高上升用冒号加下划线表示。
CAPITALS	大写表示这一部分言语与周围的言语相比声音大得多。
°°	表示中间的言语比周围的轻。
〉〈	两个符号中间的言语比周围的言语语速快。
.hh	表示说话人吸气，h 越多表示吸气越长。
hh	表示说活人呼气，h 越多表示呼气越多。

gh	放在一个词的中间表示这里发喉音。
( )	表示磁带上不清楚的声音。
(word)	表示转写者的猜测。
(( ))	表示非言语的成分，或者是转写者认为有关的信息。
→	表示讨论的相关部分。
[H: 21.3.89:2]	表明收集该语料的研究者、收集地点、收集时间等。

(源自 Hutchby and Wooffitt，1999：vi-vii)

目录
CONTENTS

第二部分　基　　础

第三部分　应　　用

第一部分

缘　起

第 1 章　重文轻语及其影响

1.1　口语与书面语

语言有两种存在形式，一种是口头语言（简称口语），另一种是书面语言（简称书面语）。虽然许多语言同时拥有口语和书面语两种形式，但也有不少语言仅仅以口语形式存在。关于口语和书面语之间的关系，大致存在两种对立的观点。一种以传统语言学家为代表，认为书面语是第一性的，口语是第二性的。另一种以美国结构主义语言学家为代表，认为口语是第一性的，书面语是口语的一种表现形式（陈佑林，1987：122）。不过，随着时间的推移，研究者对口语与书面语之间的关系的认识更加深入和全面。虽然从发生时间上来看，口语先于书面语；但从社会功能上来看，书面语却承担了更多、更重要的功能，特别是在现代社会。因此，简单地认为，口语是第一性的，书面语仅仅是口语的一种替代形式，看不到书面语对口语的积极作用也是不客观的。不过，相比而言，无论是在西方还是在东方，对书面语的重视、对口语的轻视却更加普遍，造成的影响也更加深远。

1.2　重文轻语现象

从发生学的角度来说，口语先于书面语产生。但是当书面语产生以后，由于它承担了更多、更重要的社会功能，从而催生了一种重视书面语轻视口语的社会文化现象。在汉语中研究者把这种现象简称为“重文轻语”，在英文文献中 Linell（2005）把它称为“书面语偏见”（written language bias）。

Linell（2005）专门写了一本著作来剖析他所谓的“书面语偏见”。他认为，不仅在主流的语言学理论中存在“书面语偏见”，而且这种偏见在一定程度上还影响到了其他跟语言相关的学科，如哲学、心理学、社会学、交际研究等。更为严重的是，这种偏见已成为一种对于语言的常识性认知，顽强地生长在西方文化之中(2005：35)。

其实，“书面语偏见”并不是西方社会特有的现象，中国也存在类似的现象。叶蜚声、徐通锵(2010:186)指出：“书面语是在口语的基础上产生的，按理人们应该更重视口语，至少也应该一视同仁，但是实际情况正好相反，社会上、教育界长期存在‘重文轻语’的倾向。”在中国历史上有一段时间存在书面语严重脱离口语的情形。根据相关研究，在先秦时代书面语文言文与口语还是基本一致的，到了两汉时期已出现了距离，到了宋朝，书面语与口语已经严重脱离。这与当时社会推崇文言，轻视口语有很大关系。

1.3 重文轻语的影响

假设一个人生活在唐宋时代，对书面语的掌握对他来说就显得非常重要。通过十年寒窗苦读，他才可能熟练掌握书面语的各种技巧，才有机会参加科举考试，从而改变自己的命运。可见，对书面语的推崇，可以产生一系列的社会效应。反过来，这些社会效应又进一步加强了社会文化对书面语的推崇和重视。不过，我们关注的重点是重文轻语倾向对语言研究和语言教育的影响。

重文轻语对语言研究造成的后果很多。最突出的是把对语言的研究局限在书面语上，以对书面语的研究来代替对整体语言现象的研究，从而造成口语研究的严重不足。即使有些研究者对一些口语现象加以关注并进行研究，但仍然坚持用书面语的标准来要求和分析口语。更加不幸的是，许多语言研究者根本没有意识到语言研究中存在的“书面语偏见”，没有意识到口语作为语言的一种重要表现形式也值得与书面语一样对待。

这种重文轻语的倾向也直接或间接地影响到汉语教育领域。书面语训练作为语文教育的目标一直畅行无阻，口语表达能力从来只能作为补充和点缀。口语的要求和标准也往往有意无意依据书面语进行确立，而不是根据口语本身的特点来确立。无论是在汉语作为母语的语文教学中，还是在汉语作为第二语言的外语教学中，对书面语的推崇长盛不衰。

第2章 以书面语为标准研究口语

2.1 口语中的“赘言”

徐志红(2003)研究了电视访谈节目中“就是”和“就是说”的使用,她认为,这些成分是一种“赘言”。徐志红(2003:36)认为:“赘言如同六指、甲亢、肿瘤。不但不美而且有害。赘言不具备语法功能,它们不是语言成分,不具有修饰、限制、补充、支配、陈述等作用,当然也无法承担语言成分的固有责任。赘言也不是修辞方法,它们不能增加语言的美感和表现力……赘言起不到修辞作用。总之,赘言不能表达正确的语义,在语法上没有结构作用,也不是增加语言美感和表现力的方法。赘言只是多余、无用的词语,使用赘言无法准确地表情达意,甚至让人误解。赘言出自名人、‘名嘴’之口还会被一些人误认为是一种时尚,如果不加分析地模仿岂不是东施效颦!”

以下是徐志红《话说“就是”和“就是说”》一文中举出的例子:

(1)[徐,2003]

a) 在2001年最快乐的事就是说我出了新专辑。我非常地感激就是这些年来对我关心支持的广大观众。(2)

b) 在这个行当里,我觉得就是说大家都变得比较浮躁。(4)

c) 我感觉就是说今天歌手的水平相当高。(5)

d)《东方红》我们演了一年多,受到了就是说观众的热烈欢迎,演员也感到常演常新。(6)

e) 我们好长时间也就是说见不到就是说文艺演出,这一次《燕山情》演出……(7)

f) 刚才好多同志就是说谈到了反盗版的建议。(10)

g) 今天就是说上海体育馆里坐满了观众。(11)

h) 不知道你注意到没有,就是说每一项科学技术都会和生活有许多联系。(13)

i) 我有一个问题,就是说问王涛,你和瓦尔德内尔交手这么多年……(15)

2.2 填充语并非一无是处

仔细观察徐志红《话说“就是”和“就是说”》一文中的例子，我们发现它们都出自口语表达，不仅包括主持人、解说员的话语，还包括被采访对象的话语。在这些话语中，“就是说”的功能是充当填充词语。口语中出现填充词语是一种正常的现象，它们在口语表达中还是起到一定的作用的。我们在分析口语时，不能按照书面语的标准来要求口语。如果按照书面语的标准，例(1)a)应该改成“我2000年最快乐的事是出了新专辑，我非常感激这些年来关心支持我的广大观众”。这样改固然是正确了，但是也就不是口语了。按照我们的分析(参看第15章)，出现在这个例子中的“就是说”“就是”都是填充词语，都是为了争取更多的时间计划安排后续的话语而出现的。因此，它们出现的位置也不是偶然的，如出现在主谓之间或者动宾之间。徐志红《话说“就是”和“就是说”》一文中例(1)a)中的宾语不是简单的词语，而是复杂的短语。

总之，我们固然可以要求人们加强语言学习，提高个人言语表达能力，但切不可用书面语的标准来要求口语的使用。口语中的一些现象应该放在口语的环境中给予客观的研究和评价，语言研究者应该带头打破“书面语偏见”。

第3章　以书面语为标准评价口语

口语标准的建立，不仅对口语研究有重要的意义，对口语的评价也具有十分重要的意义。在汉语国际教育领域，对口语的评价不仅关系到如何客观衡量学习者语言能力的发展，也关系到对教学活动及教学项目的评价。但是，无论在外语教学领域还是在汉语教学领域，这个问题并没有得到令人满意的解决。

3.1　流利度及其测量

在应用语言学研究中，复杂度（complexity）、准确度（accuracy）和流利度（fluency）是用来描述和分析第二语言学习者口语或者书面语表现的三个重要维度，常常用来测量语言学习的发展或进步情况。其中流利度更是衡量口语的一个特殊维度。

流利度是一个复杂的概念，包含了多种因素。有的研究者把流利度等同于语言能力；有的研究者偏重口语或书面语的产出过程，有的侧重其产出结果；有的研究者从发话人的角度出发来测量，有的研究者侧重从听话人的角度来评价。另外，关于流利度是否是专门针对外语学习者而设，还是母语者也存在流利度的问题，都存在着不同的看法。

不过，在众多关于流利度的观点中，有一种观点还是比较流行的。持这种观点的研究者倾向于把流利度看作是一种与产出速度有关的概念，在实际操作中利用多项与时间有关的变量来测定流利度的数值或变化。例如金霞（2011：37-38）在一项研究中“采用下列时间性变量对口语流利性进行操作性定义：剔前语速（speech rate unpruned）、剔后语速（speech rate pruned）、发声时间比（phonation/time ratio）、平均语流长（mean length of speech run）、发音速度（articulation rate）和平均停顿长（average length of pause）”。因为所有时间性指标的计算都取决于对停顿的界定，在金霞的研究“将停顿界定为发生于句内或句间的0.3秒及以上的间歇，包括 0.3 秒及以上的有填充和无填充停顿”。根据金霞的介绍：“上述 7 种[①]时间性指标的计算方法如下：剔前语速(SRU)：表示为一个言语样本的音节总数和产生该言语样本所需的(包括停顿在内)时间总量(表示为秒)之比，将所得结果乘以 60，表示为每分钟发出的音节数。剔后语速(SRP)：表示为一个言语样本删去剔除对象后的音节总数和产生该言语样本所需的(包括停顿在内)时间总量(表示为秒)之比，将所得结果乘以 60，表示为剔除后每分钟发出的音节数。发声时间比(PTR)：表示为用于发音的时间总量与用于产生该言语样本所需的时间总量之比。平均语流长度(MLR)：指所有每两次达到或超过 0.3 秒停顿之间的语流的平均长度，表示为言语样本的音节总数与(除首尾外)所有达到或超过 0.3 秒停顿的总次数之比。发音速度(AR)：指用于发出所有音节的总时间内平均每秒所发出的音节数，表示为言语样本的音节总数与用于发出这些音节所需的(除停顿以外的)时间总量之比。平均停顿长度(ALP)：表示为所有达到或超过 0.3 秒停顿的时间总和与(除首尾外的)停顿次数之比。”

陈默在一项汉语作为第二语言的研究中采用了稍微简化的方法来测量流利度。陈默(2015：2)在论文中说明：“流利度的测量包括三个方面：(1)平均语流长度，指每两个停顿之间的音节产出个数；(2)无声停顿频率和时长，指发音时间内达到或超过 0.2 秒的没有声音的停顿次数和时间长度；(3)充实停顿频率和时长，指‘嗯、啊’这类停顿的次数和时间长度。”

3.2　流利度概念的瑕疵

以时间变量为基础的测量流利度的方法，虽然也许可以简化分析，可以做到准确量化，但也必须指出，这种测量方法背后的理论构建是存在严重瑕疵的。

首先，无论采用 0.2 秒或 0.3 秒作为停顿的标准，这个标准的根据是什么？是依据对母语者口语的测量，还是依据对外语学习者口语的测量？这个数据对独白话语和对话不做区分是否合理？更为关键的是，两个停顿之间的单位到底是什么？为什么选择这样的单位？莱文森(Levinson，1983：337)书中有一个例子：发话人

① 原文有误，应为 6 种。

C 发出一个请求,他的话语中出现了很多可能的结束位置,包括 0.8 秒的停顿、拖长的“or”和之后短暂的停顿。这个 0.8 秒的停顿之前,当他说出“Saturday”一词后,如果听话人 R 可以做出一个同意的回答,他本可以在 C 说出“Saturday”一词后很快回答。但是他没有,因此才出现 0.8 秒的停顿。这个 0.8 秒的停顿表面看是出现在 C 的话轮中的,但是由于它出现在 C 的话轮的可能结束位置,在这个位置被指定的听话人(也就是 R)应该做出回答,因此这个停顿实际上是属于听话人 R 的。由于听话人 R 没有做出发话人 C 希望的回答,C 就推断 R 可能或实际上做出了拒绝的回复。在 0.8 秒的停顿之后,C 继续自己的话语,增加了“morning or afternoon”,给 R 更多的选择空间,促使他做出同意的回复。这样的结果,就是把 0.8 秒的停顿转换成了一个话轮内部的停顿。但结果得到的仍然是一个 0.3 秒的停顿。不过这之后,R 却给出了同意的回复。

(1) [Levinson, 1983: 337]

C: ... I wondered if you could phone the vicar so that we could
((in-breath)) do the final on Saturday (0.8) morning o:r (.)
afternoon or
(0.3)

R: Yeah you see I'll I'll phone him up and see there's any
time free
(0.2)

C: Yeah

R: Uh they're normally booked Saturdays but I don't- it
might not be

如果以 0.2 秒为一个标准停顿来分析这个对话的前半段,暂时抛开其他细节,得到三个停顿之间的单位,分别为:

(2) a. I wondered if you could phone the vicar so that we could
((in-breath)) do the final on Saturday(0.8)

b. morning or afternoon or(0.3)

c. Yeah you see I'll I'll phone him up and see there's any
time free(0.2)

可以明显看出，无论就语法结构还是功能而言，三者之间存在很大不同。特别是 a、b，虽然之间由一个很长的停顿隔开，但是仍然具有很明显的联系。因此，如果不考虑停顿出现的位置，仅仅依据停顿的时间长度来分析口语，来评价学习者的口语发展，很可能无法做出真实而可靠的描写和分析。

与此相关的一个问题是，那些在时间上小于 0.2 秒或 0.3 秒的停顿可以起什么作用呢？在进行口语描写和分析时要不要关注呢？请看下面的例子，这个长的句子在发出过程中，除了进行过修改，还有两处小的停顿。一个出现在"you"之后，因为要开始一个长的小句，在引导词"that"之前有一个明显的吸气的动作。另一个短小的停顿出现在动词"taken"与后续的介词短语之间。无论是第一个短小的停顿还是第二个短小的停顿，它们出现的位置似乎都不是偶然的。它们的使用跟口语表达也有很大的关联。因此，口语表达中的停顿，无论时间长短，其出现并不是偶然的，所起的作用也不尽相同。仅仅根据停顿的长短来描写和分析口语是不完善的，所得到的结果恐怕也无法真实反映交际者的口语能力或水平。

(3) [Clayman, 2013:644]

I do <u>not</u> agree with you .hhhh that the approach <u>we</u>
have taken (.) toward South Africa is- a- is an
incorrect appr<u>oa</u>ch.

其次，如果以停顿作为测量的标准，对无声停顿与有声停顿要不要进行区分？对不同的有声停顿要不要进行区分？对于这些问题，研究者似乎并没有统一的处理方法。

再次，在进行流利度测量时为何把口语表达中的一些普遍特征，如大量使用无声停顿或有声停顿、进行修改补救等，统统看作是消极因素加以删除？难道这些特征对口语表达没有积极作用吗？再看例(3)中的一个修改，发话人把"a"改为"an"，这样才能跟后续出现的形容词"incorrect"进行配合。例(3)来自以英语为母语者，这种修改，难道不是他的语言能力的一种体现吗？如果以英语为外语或第二语言的学习者出现这样的改动，不是同样表现了他的语言能力吗？为什么一定要删除这些修改(包括所谓的重复，如此例中的"is")再来测量各种时间变量呢？在学习者的口语表达中，哪些特征（如使用各种停顿、重复、修改）对语言表达起积极作用，哪些特征影响发话人的表达及听话人的理解？如果不进行细致的研究，笼统地删除各种口语特征，我们还能真实地还原、评价学习者的口语能力吗？

在流利度的评测方面，可以看出“书面语偏见”的影响之深。在对口语进行评测和评价时，应当以口语本身的特征作为标准，而不应以对书面语的要求作为标准。如果选择的标准和测量方法本身存在问题，就无法对交际者或学习者的口语能力做出客观合理的评判。

第4章　汉语国际教育中的“文学情结”

在汉语中人们常常把“语言”和“文学”放在一起使用，可见在人们的心目中二者关系的密切。在汉语国际教育中，文学也扮演着重要的角色。在汉语教学中，文学作品不仅可以作为学生学习汉语的模仿对象，也可以作为传授中国文化的媒介，还可以单独作为文学教学的原材料。在中高级阶段的汉语教学中仍然留存着以文学作品为主要语料来源编写教材的倾向，我们把这种对文学作品过分依赖的倾向称作汉语国际教育中的“文学情结”。

4.1　中高级教材中的文学作品

经过半个多世纪的探索，人们对汉语国际教育（也称对外汉语教学）的性质和学科特点逐步形成了较为一致的看法。刘珣（2000:21-22）把对外汉语教学的特点归纳为六点，其中第一点与第二点分别为：①“以培养汉语交际能力为目标”，让学习者“掌握用汉语进行听说读写交际活动的能力”；②“以技能训练为中心，将语言知识转化为技能——语言作为技能和能力，只有通过练习、实践才能掌握”。

人们也发现，与基础阶段的汉语教学相比，中高级阶段的汉语教学由于历史较短、规模较小，人们对一些问题还存在较多的争论。例如所谓的初级、中级、高级三个阶段的划分标准是什么？除了学习时间，在语言运用能力方面是否可以找出更为具体可行的指标？中级和高级阶段的学习重点是什么？所谓的语篇教学在中级阶段和高级阶段有什么区别？应该选择什么样的语言材料纳入中高级教材？

对最后一个问题更是存在较大争议。张文联（2011:5）对各种有代表性的观点进行了详细的归纳和辨析，可参看。除了赞同和反对的意见，还有一些研究者和教材编写者采取折中的做法，有选择地采用文学作品作为语言教材的语料来源。因此，在教学实践中即使有些教材编写者未明确说明以文学作品作为语料来源，而是含糊地说以自然、优美的汉语原文为语料，实际上仍然以文学作品作为主要语料来源。这样的安排不仅影响到学习者对语言材料的吸收和学习，而且对课堂教学的实施也产生了一定的制约。

以笔者所在的大学为例，学生是汉语言专业的本科生（经贸方向），采用《博雅汉语》作为主干教材。这套教材分为四个级别——初级、准中级、中级、高级。其中“飞翔篇”为高级教材，分为一、二两册。《博雅汉语·高级飞翔篇Ⅱ》共包含10篇课文：

第1课　每天冒一点险（毕淑敏）
第2课　那年那月那狗（张蕾）
第3课　人在风中（刘心武）
第4课　现代化与蜗牛（程乃珊）
第5课　上天自有安排（述平）
第6课　球迷种种（方方）
第7课　面容（韩少功）
第8课　辛亥革命与我（胡愈之）
第9课　无为·逍遥·不设防（王蒙）
第10课　音乐之伴（张抗抗）

所有的课文均选自文学作品，并且大都是知名作家的作品。从我们的教学实践来看，以文学作品作为语料来源的教材确实存在一些问题。我们同意一些学者的看法，文学作品为语言的运用提供了丰富具体的语境信息，有助于学习者更好地理解和掌握汉语。但是同时必须指出，文学作品由于自身特殊的构成和理解方式，加上历史文化、作家风格等因素的影响，增大了学习者对课文的理解难度和学习难度，造成教师必须花费很多精力来帮助学习者理解作品。例如王蒙的散文《无为·逍遥·不设防》中有这样一段话：

无为是一种境界。无为是一种自卫和自尊。无为是一种信心，对自己、对别人、对事业、对历史。无为是一种哲人的喜悦。无为是对于主动的一种保持。无为是一种豁达的耐性。无为是一种聪明，无为是一种清明而沉稳的幽默。无为也是一种风格呢。（《博雅汉语·高级飞翔篇Ⅱ》第220页）

这段话虽然也包含很多生词(这里暂且不讨论很多研究者对文学作品出现过多超纲词汇的批评),但是句子结构并不复杂。实际上正好相反,段落中的句子都是使用“是”的句子,这种用法是有意还是无意?如果把这样的文章拿给以汉语为母语的人来阅读,他们的理解又是怎样的?什么叫“豁达的耐性”?什么叫“清明而沉稳的幽默”?最后的句子“无为也是一种风格呢”又是什么意思?它跟前面的哪个句子形成关联?句子中的“也”起什么作用呢?

用于帮助学习者理解文学作品的时间越多,用于进行语言技能训练的时间就越少,这是不言而喻的。另外,由于人们对文学作品的语言使用特征还缺乏深入的研究,对利用文学作品进行语言学习的方法也知之甚少,因此在具体的语言训练过程中,文学作品的价值并没有得到充分地发掘和利用。相反,很容易滑到一种简单化的做法,在中高级阶段教学中词汇学习占据了主要地位,文学作品主要用来帮助学习者学习更多的词汇和用法。比如《博雅汉语·高级飞翔篇Ⅱ》的课后练习分为两种,一是词语练习,二是课文理解练习。其中词语练习的比重超过了课文理解练习。研究者和外语教学专家反复强调的“语篇能力”在中高级阶段并没有得到很好地贯彻和落实。当然这并不是说,上述教材对培养学生的篇章能力没有注意,而是说在具体的落实中体现得不充分、不完美。例如,在课文理解练习部分有一种练习是这样的:根据课文内容,用指定词语回答问题。跟上文提到的那段话有关的一个练习是:

在作者看来,“无为”的重要性体现在什么地方?(原则、前提、自寻烦恼、道德、要义、脱离、境界、信心、风格)(《博雅汉语·高级飞翔篇Ⅱ》第252页)

根据教学实践,我们发现学习者对这样的问题感到很头疼。首先是在回答问题时要使用很多的词语,有难度。此外就是这里提供的只是一些关键的实词,学习者并不知道如何把单个的句子联系起来。

另外,有一点必须指出,教材选编的文学作品有时候在语言运用方面也存在一些瑕疵,对学生的学习产生了负面影响。下面一段话就来自《博雅汉语·高级飞翔篇Ⅱ》中的一篇课文,其中的第二个句子“发现几十年前有人预测的”不仅不合语法,而且由于它的加入,使得整段话语的理解也变得困难起来。“随着人类的生活日益富裕,人们的闲暇时间将会每周增加起码1天”到底是几十年前的一个预测呢，还是句子开头提到的英国埃塞克斯大学调查所发现的结论？用这样的作品如何对学生进行语篇训练呢？

英国埃塞克斯大学社会及经济研究中心前不久做了个调查，发现几十年前有人预测的，随着人类的生活日益富裕，人们的闲暇时间将会每周增加起码 1 天。主持调查的格尔舒尼教授沮丧地表示，19 世纪和 20 世纪初的调查过于乐观。（《博雅汉语 · 高级飞翔篇Ⅱ》第 90—91 页）

最后，但也最重要的是，以文学作品作为教材的唯一或主要的语料来源，其主要问题还在于文学作品只代表了众多语言运用类型的一种，并且这种较高级的语言运用能力不是所有的汉语学习者所必需的。学习者学习汉语的目的是多样的，所需要掌握的汉语能力也是不同的。汉语教学必须针对不同学生的需求，有针对性地帮助学习者掌握所需要的语言能力。

4.2 "文学情结"的反思

文学作品进入中高级汉语教学由来已久，虽然遭到一些研究者批评，但是也有赞同的人。造成这种现状的原因很多，其中传统起了很大的作用。

从语言研究的历史来看，传统的语言研究一直是重视书面语而轻视口语的。研究者常常把文学作品作为语言使用的典范，作为语言研究和学习的样本和标准。在这一点上国内和国外都不例外。重视书面语，自然导致对文学作品的倚重。当然这种情况的出现跟书面语特别是文学作品的流通面广、较易获得等因素也有很大的关系。特别是在现代技术出现之前，语言研究者要获得自然可靠的语言材料十分不易，大量利用书面语特别是文学作品是可以理解的。

对文学作品的推崇也延伸到语言教学领域。在母语教学领域，教材大量采用知名作家的作品用来提高学生的语言欣赏和使用能力。只要看看中国的语文教育就可以看出这种影响有多么巨大。其实不仅是中国，在很多国家这样的做法都很流行。

外语教学领域也深受这一风气的影响。最古老的外语学习方法——语法翻译法就强调对古典名著的阅读和模仿。例如一直到 18 世纪早期英国的孩子在学校还要学习拉丁语或者希腊语，所采用的方法就是利用古典作家的作品来学习语法，然后通过模仿拉丁语的作品来学习写作（Howatt，1999:32）。早期的外语教学（如英语教学）则呈现出两条明显的主线。一条线是对进入英国的移民所进行的教学，强调口语，强调实用。而在其他国家把英语作为外语教学时对口语交际的需求并不高，相反对书面语学习却很重视，因为学习英语主要是为了通过英语来吸收有用的信息，学习英国文化（Howatt，1999）。可以看出，无论是在母语教学领域还是在外语教学领域对书面语的重视都是根深蒂固的，这其中也包括对文学作品的过分依赖。

中国与英国类似，都比较重视文化传统，推崇书面语和文学作品。对外汉语教学从诞生之日起，一方面从中国的语文教育传统中继承了对书面语以及文学作品的推崇；另一方面又从以英语为代表的外语教学中继承了重书面语轻口语的倾向。再加上对汉语作为外语或第二语言的性质和学科特点的认识处在探索过程中，使得在汉语国际教育中对文学作品的过分依赖现象一直延续下来，并且在短时期内也很难得到解决。

对文学作品的依赖与教师的知识结构和能力有很大关系。在教师的知识结构中，普通语言学的知识十分重要。作为汉语教学主体的教师也需要更新观念，拓展自己的能力。如果从事汉语教学的教师能明了口语和书面语的区别与不同作用，他们自然不会给予书面语以及文学作品“唯我独尊”的地位。

第 5 章　口语作为正当的研究对象

虽然很多的语言流派和观点深受“书面语偏见”的影响，但也有一些语言流派或语言教学方法受到的影响极少。如结构主义语言学坚持口语第一性的观点，深刻影响了其后的语言研究和语言教学。不过，直到会话分析（Conversation Analysis，CA）出现，才第一次将口语或会话作为正当的科学研究对象。

5.1　结构主义语言学及听说法

根据《朗文语言教学及应用语言学词典》（2000：448-449）的解释，结构主义语言学“指语言学的一个流派，它强调把语言作为一个系统来研究的重要性，并研究语音、单词、句子等语言单位在这个系统中的地位”。该词典还指出，这个术语通常指美国的语言学家如布龙菲尔德（Leonard Bloomfield）等开创的学派。结构主义语言学强调了语言系统的结构特点，并强调语言符号的有声特征，把口语看作是语言的主要表现形式。

结构主义语言学对当时的语言教学理论产生了巨大的影响，比如以结构主义语言学为基础的听说法十分看重对学习者口头表达能力的培养，提出了“听说领先，读写跟上”的教学原则（束定芳、庄智象，1996：197）。理查德与罗杰斯（2000：49）指出，听说法把口语放在优先位置的看法，“跟流行的对口语与书面语关系的看法形成了鲜明对比，当时流行的观点基本上把语言看作是书面的符号，口语则是书面形式的不完美体现”。

虽然结构主义语言学及受其影响的听说教学法都从理论上十分推崇口语的地位，但客观地说，结构主义语言学并没有对口语的具体特征进行系统深入的研究。发端于 20 世纪中期的会话分析（CA）才真正把口语或会话现象当作正当的科学研究对象，并系统发掘了会话的规则和特点，真正改变了社会科学领域对口语或会话现象的观念和看法。

5.2 会话分析简介

“会话分析”可以有两种含义：一种是较宽泛的含义，指对会话现象的所有研究；另一种是狭义的含义，专门指发源于美国的研究会话的一个学派。会话分析把平常、琐碎的会话提升为科学研究的正当对象，并对谈话的规律进行了系统、深入的研究。会话分析的目标不在于提高人们的口头交际能力这样实际的追求，它的最终目的是要从人们日常会话中常见但未被注意（seen-but-unnoticed）的现象中发现人们理解和把握世界的方法。这一学派是由美国社会学家哈维·萨克斯（Harvey Sacks）、伊曼纽尔·谢格罗夫（Emanuel Schegloff）、盖尔·杰弗逊（Gail Jefferson）于 20 世纪 60 年代开创的。

研究者强调会话分析的贡献在于开创了一个新学科，为会话的研究提供了一套系统的研究工具。一个学派的生命力在于它提出的理论概念对研究对象的解释能力，在于提供一套系统的研究方法，能够吸引后来的研究者进一步探索。虽然对面对面交谈的研究并不是从会话分析开始的，但是会话分析对交谈的研究成功地做到了这一点。

第二部分

基　础

第 6 章　会话分析的起源与特点

Maynard(2013:11)在追溯会话分析产生的学术背景上做过这样的评论:“会话分析从 Harvey Sacks(哈维·萨克斯)(1976)和 Emanuel Schegloff(伊曼纽尔·谢格罗夫)(1968)研究成果的发表算起,到如今已经过几十年的发展,增长速度以指数级来衡量,是十分了不起的成就。”

6.1　会话分析的起源

会话分析由美国社会学家哈维·萨克斯、伊曼纽尔·谢格罗夫、盖尔·杰弗逊于 20 世纪 60 年代开创。但是这一学派在产生之初却并不顺利。1975 年 Lewis A. Coser 当选为美国社会学学会主席,在就职演说(后发表于当年的《美国社会学评论》杂志上)中,公开批评了两种他认为十分有害的研究倾向。Coser(1975:698)点名批评了谢格罗夫对电话开头和结尾的研究,称谢格罗夫的研究“基本是垃圾或是方法论方面冗长的讨论和诡辩”。为了保存这份珍贵的史料,我们引用 Coser 的原文来说明他对谢格罗夫研究的态度和看法(粗体为笔者所加)。

Schegloff (1968) has spent productive years studying the ways in which people manage to begin and end their telephone conversations. I am not denying that “Studies of the Routine Grounds of Everyday Activities” (Garfinkel, 1967) may uncover significant and valuable matters, but **in my considered judgment what has so far been dug up is mostly dross or interminable methodological disquisitions and polemics.**

以 Coser 为代表的社会学家为什么对谢格罗夫等人的研究这样排斥呢?是因为萨克斯、谢格罗夫等人要摆脱传统社会学的束缚,开创一种新的社会学。按照萨克斯、谢格罗夫等人的观点,传统的社会学不仅在研究对象而且在研究方法上都存在一些弊端。例如传统社会学把社会现实的一些特征当作是一种不言自明的资源，在研究中加以利用。萨克斯、谢格罗夫等人则认为，这些正是社会学家要研究的对象。社会学家不一定非要从所谓的大题目如阶级、宗教、文化等入手来研究社会或社会秩序，完全可以从日常会话来了解人们如何理解和把握现实世界。并且，萨克斯认为自己独创的分析日常会话的方法优于主流社会学的研究方法。通过日常会话的录音来研究，研究者可以反复地观察和思考；其他的研究者可以针对同样的材料来判断研究者的分析是否正确。这样不仅在研究对象而且在研究方法上，萨克斯创造的新的社会学都迥异于传统的社会学。

经过半个多世纪的发展，会话分析已经成为一个跨学科、具有国际影响力的研究领域，在全球范围内每年有大量的会话分析研究成果发表。2002 年召开了第一届全球会话分析会议，之后每四年召开一次。2010 年成立了国际会话分析学会(International Society for Conversation Analysis)，负责会话分析的教学、研究与培训方面的交流与合作。

李猛(1999:70-71)把会话分析的发展历史划分为三个阶段，认为这三个阶段同时代表了会话分析发展中的几种主要研究取向。第一阶段是萨克斯早期作品所代表的通过谈话来分析日常活动的实践理性和社会认知准则的努力。这一阶段可以看作是民俗学方法论向标准会话分析的过渡。第二阶段是标准的会话分析阶段，主要集中研究会话自主性的规则和结构，有很强的技术性和形式化特点。以萨克斯、谢格罗夫、杰弗逊 1974 年发表的《会话中一个最简单的话轮转换规则系统》为代表。第三阶段是从 20 世纪 70 年代晚期开始的对公共机构交谈的研究。虽然我们同意李猛对会话分析三个发展阶段的划分，但是并不赞同他对第三阶段具体特征的描述。例如，李猛(1999:71)指出："制度性谈话的研究拓展了谈话分析'狭窄的视野'，在分析中更直接地纳入了制度场景，而且通过独特的角度分析了组织和制度的实际运作过程以及其中的权力机制，从而深化了整个社会学对一领域的认识。"他还认为对制度性谈话的研究近年"成为谈话分析的主流"。在这一点上谢格罗夫(1992:103-104)的意见很值得人们重视。他指出："无论关注于谈话与传统意义上的社会结构能够带来多么大的收获，会话分析并不需要这样的关注来为它自身提供社会学的信任状。关注谈话本身的组织结构，关注于话轮转换的组织、序列的组织，研究话轮中完成的行为以及行为完成的方式，研究补救的机制，研究并不汇聚在一定组织中的具体的交谈和行为，这样的研究本身就是在研究社会组织和社会结构，尽管采用的是与这些词语通常意义不同的方式，这样的研究在倾向和相关性上并非那样不像社会学。”“会话分析可以继续关注交往中的谈话（以及由此产生的行为和作为）与传统意义上的社会结构的关系，但是这是它的社会学职责的扩展，而不是它的基础。”谢格罗夫的观点很明确，会话分析研究本身就是一种社会学研究，它并不需要依靠增加研究机构性交谈来表明自己的社会学身份。

6.2　会话分析的特点

Stivers 和 Sidnell（2013：2）在为《会话分析手册》（*The Handbook of Conversation Analysis*）所做的序言中指出，会话分析与其他研究语言使用或交流活动的路径相比具有 5 个鲜明的特点：①理论假设；②研究目标；③数据；④数据的处理；⑤分析方法。

所谓理论假设是指会话分析坚持会话活动是有条理的，并且这种条理性是由会话参与者受到相同的交流规则引导造成的。因此，会话分析的目标就是发现这些规则。这个目标也规定了会话分析的研究方法是对人们日常的交流活动进行录音录像，并按照一定的方法进行细致的转写。在研究策略上，会话分析采用归纳的、定性的方法，从个案出发但旨在得到普遍的规则。

从社会学的角度看，会话分析的研究方法确实与传统的研究方法有很大的差异。但是从社会科学研究的角度看，会话分析的研究方法其实并没有那么离经叛道，跟普通的定性方法倒是有很多共同点。但我们也必须指出，会话分析的研究方法中的确也包括一些不同寻常的内容，如他们对录音录像材料的坚持，对转写的重视等都令其他学派的研究者不解与迷惑。

会话分析从社会学内部一个激进的小流派演变成一个跨学科的、具有国际影响力的研究路向，不仅是由于它把对日常交流活动的研究提升为科学研究的正当对象，而且由于它开创的研究方法具有较好的解释力和启发性，既拓宽了社会学的研究，对其他学科也产生了较大的影响。

第 7 章　话轮转换规则

7.1　日常会话也有规则

从 20 世纪 60 年代会话分析创立，到 1975 年萨克斯去世，会话分析作为一门学科其研究范式已经基本确定，剩下的工作只是扩展、应用、补漏（Have, 1999：7）。在会话分析的理论框架中包含着许多重要的概念，如话轮转换（Turn-taking）、相邻对子（Adjacency Pair）、选择等级（Preference Organization）、修补机制（Repair Mechanism）等，它们被称作会话分析的心态（Conversation Analytic Mentality）（Schenkein, 1978：6），即看待和分析会话的一种独特思路。会话分析不仅仅是一种分析方法和技巧，它首先是一种如何看待会话和人们日常交流的理论。

一些研究者之所以不重视日常会话，是因为受到世俗偏见的影响，认为会话本身是杂乱无章的，没有什么规律可言。会话分析学者首先从人们如何交流入手，发现会话活动并不是像人们想象的那样随意无序，而是按照一定的规则来完成的。话轮转换规则就好比道路上的红绿灯一样，在人们的会话活动中发挥着十分重要的作用。

7.2　话轮转换的规则

日常的会话无论由多少人参与，在一定的时间里总是一个人在讲话，一个人讲完之后其他人接着发话。虽然有时候会出现两个发话人话轮的重叠，或者没有发话人讲话的情况，但是这种情形是不多见的。并且一旦出现了上述情况，交际者会采取一定的措施来恢复到一个发话人讲话的常态。这种极其平常的现象是如何发生的？1974 年萨克斯、谢格罗夫、杰弗逊发表了一篇著名的论文《会话中一个最简单的话轮转换规则系统》，描述了日常会话中交际者如何来完成发话人的交替。

这个规则系统包含两个部分：第一部分是话轮构造部分，第二部分是话轮分配部分。第一部分研究话轮是如何构成的。会话分析学者认为，一个话轮由一个话轮构成单位(Turn Construction Unit，TCU)构成。一个话轮构成单位从语言学分析的角度来看，可能由一个短句构成，由一个短语构成，由一个词语构成。话轮构成单位有两个重要的特征：第一是可预测性(Projectability)，即交际者发出一个话轮时，听话人可以预测到这个话轮是什么样子的，在什么时候结束。第二是在每个话轮构成单位结束的地方可能发生话轮权的转换，这个地方叫作话轮权转换相关点(Transition-relevance Place，TRP)。

后续的研究发现交际者使用多种线索来提示(或帮助预测)话轮的结束，包括句法因素、韵律因素、语用因素、非语言因素(如眼光接触等)，但似乎语用因素(如交际者欲完成的言语行为)发挥的作用更大一些。这些因素有时候是统一的，有时候却是互相冲突的(Clayman，2013：158)。此外，发话人有时候会采用一些手段来跨越一个话轮构成单位，继续保持话轮权。这些手段包括快速通过(Rush-through)与突接(Abrupt-join)。

规则系统的第二部分话轮分配部分说明话轮的转换是如何实现的。假定C指当前的发话人，N指下一个说话人。

规则1：应用于第一个TRP

(a) 如果C在当前话轮中选择N，那么C应当停止说话，N应当接着说话，话轮转换出现在C选择N之后的第一个TRP；

(b) 如果C没有选择N，那么任何一个其他的参与者都可以自我选择，谁先发话谁就获得下一个话轮权；

(c) 如果C没有选择N，也没有其他的参与者按照(b)自我选择，那么C可以(不是必须)继续发话(即获得接续另外的话轮构成单位的权利)。

规则2：应用于以后的每一个TRP

C应用了规则1(c)后，规则1(a)—(c)适用于其后的每一个TRP；并且反复使用，直到话轮发生转换为止。

必须指出的是，虽然使用了规则(rule)这样的词语，话轮转换所揭示的规律并不是像语法规则那样不可违反。在日常会话中有意无意违反话轮转换规则的例子比比皆是。话轮转换规则想要说明的是，无论交谈者遵循或者违背话轮转换的规则,他们都意识到这些规则的存在,他们的行为都表明他们受到这些规则的引导。

让我们举例来说明上面的论述。在例(1)中,C 提出一个问题后,由于只有两个参与者,C 的谈话对象自然就是 R。但在 C 提出一个问题后,R 并没有立即回答,因此出现了一个两秒钟的停顿。按照话轮转换规则和相邻对子及选择等级的作用,C 把 R 的沉默当作否定的回答,这在 C 的话轮中(T3)可以看得很清楚。回到我们关注的话轮转换规则,萨克斯等人的规则并不是要求发话人选择了下一个说话人,下一个说话人必须说话,而是说存在着这样的期待。例(1)中的 R 没有立即回答他人的问题,就被他人理解成做出了否定的回答。正是从交谈者的行为中我们才可以看出,交际者即使没有遵循所谓的话轮转换规则,还是努力去适应这些规则。当然,如果交际者发觉他人违反了话轮转换规则,他还可以用更加明显的方式来要求犯规者进行补救。在例(2)中主持人觉得打进电话的人(Caller)的话语打断了自己还没有完成的话轮,他用明确的方式责备对方,告诉对方自己还没有说完(第 7 行)。但是仔细观察这个例子我们可以发现,打进电话的人也不是随意插话的,他是等到主持人话轮中一个主要句子(dogs have the call of nature just as er as people do,and they don't have the same kind of control)完成以后才发表自己的不同意见的。他似乎也遵循着话轮转换规则的(1b),即参与者可以自选。但是主持人却也有理由认为他的插话是不合适的。为了保持一个长的话轮,发话人常常可以利用一些手段来避免其他参与者在 TRP 夺取话轮权,例如减少在 TRP 的停顿,加快语速,等等。例(2)中在主持人的那个长句子结束之后,他已经开始构造另一个话轮构成单位,注意那些连接词语(and、so、therefore)所起到的保持话轮的作用。正是在这个时候 Caller 急忙插话,因此被主持人认为侵犯了自己的话轮权。可见,双方都遵循着话轮转换的规则,但是遵循的细则却是不同的。这再次说明即使在交际者看似明显违反了转换规则的地方,他们也不是随意地参与会话活动。

(1) [Levinson,1983: 320]

T1 C: So I was wondering would you be in your office on Monday
(.) by any chance?

T2 (2.0)

T3 C: Probably not

T4　R：Hmm yes=

T5　C：= You would?

T6　R：Ya

T7　C：So if we came by could you give us ten minutes of your time?

(2) [Hutchby and Wooffitt，1999：53]

1　Host:　　Well did you- did you then explain that，you
2　　　　　　understood that，you know dogs have the call of
3　　　　　　nature just as er as people do，and they don't
4　　　　　　have the same kind of control and so
5　　　　　　the[refore，s- so
6　Caller:　　　[No，but dogs can be tr[ained
7　Host:　　　　　　　　　　　　　　　　[I haven't finished，
8　　　　　　so therefore the owner … being there has the
9　　　　　　responsibility …

话轮转换规则不仅可以帮助我们区分无意的话语重叠和有意为之的插话，还可以很好地解释会话中的其他一些现象。例如虽然话轮的转换是很顺利和快捷的，会话中也会出现话轮重叠或者停顿的现象。这些现象的出现不仅不能否定话轮转换规则的有效，相反话轮转换规则可以很好地解释这些现象。例如根据话轮转换规则在当前发话人没有选定下一个发话人时，其他的参与者可以自选。如果有两个参与者同时开始自选，就会造成两人话轮的重叠。另外，如果下一个说话人或自选者对 TRP 做出错误的预测，他的话轮也可能与当前发话人的话轮造成部分重叠。例(3)中 A 的话轮到说出 before 之后通常也就结束了，但是发话人追加上一个附加疑问句，这个小句跟 B 的答语重叠起来。

(3) [Levinson，1983：299]

A：Uh you been down here before //[1] havenche.

B：　　　　　　　　　　　　　　　　Yeah.

[1] 在早期的转写中用双斜线表示重叠话语的开始。

同样,对人们的交谈中存在的长短不一的停顿(pause),根据话轮转换系统的解释,可以把它们进一步分为:①话轮沉默或可归属沉默(turn silence or attributable silence),指应用了话轮转换规则中的第一条规则后出现的沉默,例如被提问,却不予回答。②空隔(gap),指当前发话人结束话轮但未选定下一个发话人时,其他人自选或无人自选当前发话人继续自己的话轮之前的停顿。③间断(lapse),指没有应用话轮转换规则中的任一规则产生的停顿。此外,还有发生在发话人话轮内的停顿。

因此,话轮转换规则的提出不仅揭示了会话中话轮交替的现象,而且为解决其他现象提供了线索。这条规则看似简单,其解释力却十分强大,是会话分析的一项重要成果。

第8章　相 邻 对 子

会话分析研究者发现，在日常会话中总有一些对话是结对出现的，如问候—问候、提问—回答、请求—答应，等等。会话分析学者把这样一些紧挨在一起的两个话轮称为相邻对子(Adjacency Pair)。研究发现，相邻对子也是会话规则的一个重要方面。

8.1　相邻对子的特征

相邻对子具有如下一些特征：①必须是由两个言语行为组成的序列；②这两个行为由不同的发话人发出；③这两个行为通常紧挨在一起；④它们的排列顺序是有规律的，先出现的是相邻对子的第一部分，后出现的是第二部分；⑤两部分之间有固定的联系，第一部分的出现预示着第二部分的出现。例如：

(1) 日常会话的记录

A：你好。

B：你好。

(2) [Levinson，1983：359]

A：Do you have any pecan Danish today?

B：Yes we do. Would you like one of those?

例(1)是由打招呼—打招呼组成的相邻对子，由于是由同类的言语行为构成，颠倒一下顺序没有关系。例(2)则不同，它是由提问—回答两个言语行为构成的，把它们颠倒一下顺序构成的序列就不是连贯的话语了。并且把例(1)中的一个话轮与例(2)中的一个话轮并列在一起也不能构成连贯的会话。

在上述五项特征中，特征①、特征②是不言而喻的，特征③需要略作解释。相邻对子通常是紧挨在一起的，但并不总是如此。相邻对子可能被其他序列隔开，或者由于其他话语序列的影响造成第二部分不出现。但是相邻对子的特性决定了，假如相邻对子的第一部分出现了，不管被隔开多远，它对第二部分的预示力依旧存在，仍然要求和它相应的第二部分一同出现。如果第二部分最终没有出现，一定会被交际者认为是可说明的（accountable）。因此，后来研究者用制约性相关（conditional relevance）来描述相邻对子两部分之间的关系，强调相邻对子的第一部分出现之后，其第二部分的出现是相关的。如果这个相关的第二部分没有出现，则被认为是一种值得注意的“缺失”。这种缺失可能用来推测交际者的动机和行为。例如，对别人的问候不加理睬，问候人要么认为听话人没有听到，要么认为听话人故意冷淡自己，等等。所以会话分析学者认为，相邻对子所描述的并不是以经验为根据的规律，而是交际者据以指导其行为的一种规范性的约定。

一般认为，由相邻对子构成的序列是会话中基本的序列结构，不过也有一些研究者（如 Sinclair 和 Coulthard 等人）主张三话轮的序列才是最基本最小的序列，如在课堂教学话语中常见的序列是教师发起话语（Initation）—学生回应（Response）—教师反馈（Feedback），即 IRF（或 IRE）。谢格罗夫（2007）主张两话轮的序列才是最基本的序列，多话轮的序列是基本结构的扩展。谢格罗夫（2007：22-27）列举了许多例子证明，两话轮的最小序列不仅出现在会话的开端和结尾，而且出现在会话的其他位置。对基本结构的扩展可以出现在三个位置：相邻对子第一部分的前面，称作前扩展（Pre-expansion）；相邻对子第一部分和第二部分之间，称作插入扩展（Insert Expansion）；相邻对子第二部分后面，称作后扩展（Post-expansion）。

8.2 相邻对子的作用

相邻对子是会话分析学派剖析会话结构的关键概念。会话分析学派有关会话结构的描写都与这一概念密切关系。话轮转换规律中话轮转换的三种方法有两种跟相邻对子有关系。听话人自选成为下一个发话人、当前发话人选择下一个发话人来转换话轮都可能要依赖相邻对子才能实现。会话分析学派所发现的其他结构特征如会话的开始、结束、修补等都需要依据相邻对子的概念加以分析和解释。更为重要的是，相邻对子的概念较突出、较完整地体现了会话分析学派的理论和方法。会话分析十分关注人们在交谈中是如何相互理解以及如何向对方表明自己的理解。相邻对子就是达到这一目的的理想方式，它可以起到单独一个话轮所起不到的作用。通过相关的第二个话轮，交际者不仅表明了自己对发话人话语的理解，而且用合适（或自认为合适）的方式参与了交际。因此，第二个话轮不仅为第一个发话者提供了听话人对他的话语的理解，从而使他可以判断自己的话语有没有得到正确的理解，而且为研究者提供了实实在在的证据来确定发话人话语的目的（在会话分析研究中称为“下一个话轮证明方法”）。所以，虽然从表面上看，相邻对子所研究的只是一些相当程式化的话语序列的结构特征，实际上这一概念所包含的原则和方法代表了会话分析学派的精神。无论研究者对相邻对子的地位如何评价，更重要的是要认识到，相邻对子这一概念较完整地体现了会话分析学派独特的原则和方法。可以说，理解相邻对子是进入会话分析学派的“入场券”。

第9章　选 择 等 级

9.1　相邻对子的特点

相邻对子的一个特点是，它的第一部分的出现，预示了和它有类型相关关系的一个或多个第二部分的出现。有的相邻对子的第二部分只有一个，如打招呼—打招呼。但有的相邻对子的第二部分可能包括一系列合法的应对。例如提问—回答，一个提问发出以后，可以有很多的回应方式，它们都是合法的。例如：

(1) [Levinson，1983：293]

A：What does John do for a living?

B：a. Oh this and that

b. He doesn't

c. I've no idea

d. What's that got to do with you?

如果一个话轮之后可以出现这么多的类型不同的应接方式，那么相邻对子和一般的会话序列便没有了分别，相邻对子便失去了存在的合理性。为了弥补这一缺陷，会话分析学派提出了选择等级(Preference Organization)的概念来完善相邻对子的概念。

9.2　选择等级的体现

选择等级是会话中具有普遍性的一种结构规律，涉及会话结构的多个方面，如话轮转换、会话补救、不同的指称方式、不同的引发和应对方式，等等。我们先讨论选择等级在相邻对子中的作用。按照选择等级的观点，在相邻对子中可以与第一部分配对的几个第二部分并不具有同等的地位，而是存在着选择等级，有的是合意

的(preferred),有的是不合意的(dispreferred)。试比较下面两个例子中对邀请的不同回答:

(2)［Levinson，1983：333］

A：Why don't you come up and see me some//times

B：　　　　　　　　　　　　　　　　　I would like to

(3)［Levinson，1983：333-334］

B：Uh if you'd care to come over and visit a little while
　this morning I'll give you a cup of coffee

A：hehh Well that's awfully sweet of you，
　I don't think I can make it this morning.
　.hh uhm I'm running an ad in the paper and- and uh
　I have to stay near the phone.

例(2)中A的回答没有延迟,甚至和B的邀请有一点儿重叠。这是对邀请的合意回答。例(3)中A的回答是不合意回答,首先出现的是暗示延迟的笑声或呼吸声(hehh),接着是表示逆转的感叹词(well),然后是表示感谢的话。拒绝本身也表现得是暂时的、不情愿的(I don't think)、有限制的(this morning)。最后是解释和说明。

会话分析学派特别强调,合意/不合意的概念并不是一个心理学概念,不是指发话人或者听话人各自的喜好,而只是指同样作为相邻对子的第二部分的不同话轮之间形式上的差别。研究发现,合意的应答是无标记的,很快地发出,结构上简单;不合意的应答是有标记的,形式复杂。莱文森(1983:334-335)归纳出如下一些标记性特征:

a. 在说出不合意的应答前有延迟(delay),如:发话前的停顿;使用各种开端语(见下);通过补救引发语或插入序列来造成错位。

b. 使用各种开端语(preface),如:"uh""well"之类的标记;象征性的同意、感谢或道歉;限制语;各种形式的犹豫踌躇,包括自我修正。

c. 说明、解释为什么合意的应答没有出现。

d. 拒绝的部分,在形式上可以与第一部分配对,但比较间接、委婉。

不合意的应对之所以具有这些特征,按照会话分析学派的观点,是由于交际者在无法遵守有关的规则时仍然要表明他们知道存在着这些规则,并乐意接受它们的指导。不合意应答的种种特征表明它的发出者意识到,所发出的应答是不合意的,合意的应答将不会出现。那些规则是由交际者心照不宣地共同遵守着,因此是不受交际者个人喜好影响的。合意与不合意不是就相邻对子的第二部分本身的内容来说的,而是人们完成不同行为的不同方式。所以人们才可能在不愿意接受别人邀请时采用不合意的回答方式,非常有礼貌地拒绝别人。但后来有一些研究者认为,仅仅从形式的角度来解释选择等级是不够的,并开始从功能或者心理的角度重新解释选择等级的概念。例如莱文森用"面子"理论来解释合意应答与不合意应答之间的区别,认为不合意应答的种种特征是为了保全交际者的面子(Taylor and Cameron,1987:113-114)。

选择等级不仅影响到相邻对子的第二部分,还影响到相邻对子的第一部分。首先交际者可以对相邻对子的第一部分进行设计,使它更容易得到合意的回应。例如,萨克斯(1987)注意到英语中的附加问句更容易得到肯定的回答。

(4) [Hutchby and Wooffitt, 1999: 44]

Jo: T's-it's a beautiful day out isn't it?

Lee: Yeh it's just gorgeous.

此外,交际者在发出相邻对子的第一部分时可能注意到听话人的反应,对自己的话语进行调整、改动,使它更容易得到合意的回应,避免得到不合意的回应。在例(5)中C的请求中出现了很多可能的TRP,包括0.8秒的停顿、拖长的"or"和之后短暂的停顿。如果R希望做出合意的回应,他早就可以在这些地方开始回答。正因为R迟迟不回答,C才会在自己的话轮可能结束的地方加上"or (.) afternoon or",为R提供更多的选择,使他更容易做出同意的回应。经过这一系列的调整,在一个0.3秒的停顿后,R做出一个同意的表示,尽管有些勉强。这实际上相当于拒绝,所以在后面的话轮中,R解释自己为什么无法痛快地答应。

(5) [Levinson, 1983: 337]

C: ... I wondered if you could phone the vicar so that we could ((in-breath)) do the final on Saturday (0.8) morning o:r (.) afternoon or

(0.3)

R: Yeah you see I'll I'll phone him up and see there's any time free

(0.2)

C: Yeah

R: Uh they're normally booked Saturdays but I don't- it might not be

选择等级不仅作用于相邻对子这样的基本单位，在更大的序列中也是起作用的。完成同样的任务交际者可能采用不同的方式，从而形成不同的序列。这些序列之间也有合意程度的区分。例如，对于请求，我们知道请求话语与对它的应答构成了一个相邻对子。听话人对请求的回应有两种选择：一是答应，二是拒绝。答应是合意回答，拒绝是不合意回答。由于拒绝是不合意的选择，交际者双方都有责任尽量避免出现不合意回答，或者使之出现时不那么公开、明显。一种常见的方法是采用请求前序列。例如：

(6) [Levinson, 1983: 357]

T1 A Hi. Do you have uh size C flashlight batteries?

T2 B Yes sir

T3 A I'll have four please

T4 B ((turns to get))

在这个话语序列中，T3—T4 构成一个请求序列，A 提出请求，B 答应 A 的请求。但在这个话语序列之前还有一个话语序列：T1—T2，这个序列本身也是一个相邻对子，由提问和回答构成。这样的序列就是请求前序列（Pre-request Sequences）。请求前序列只是预示即将出现请求序列，本身并不是请求序列。请求前序列中的疑问话语向听话人询问实现请求所需要的各种条件是否存在，发话人在得到肯定的答复后再发出请求。这样就可以避免出现不合意的回答。

上述四成分的话语模式虽然是常见的请求方式，却不是唯一的模式，也不是最合理的模式。会话分析学派的研究表明，选择等级的作用不仅能影响不同的话轮选择，而且影响到不同的序列安排。交际者用请求前话语来提问，就可能使得另一位交际者主动地提供帮助(provide an offer)，而不用交际者再来提出请求。因此这种方式优于上述的请求方式。例如：

(7) [Levinson, 1983: 359]

C: Hullo I was just ringing up to ask if you were going to Bertrand's party

R: Yes I thought you might be

C: Heh heh

R: Yes would you like a lift?

C: Oh I'd love one

R: Right okay um I'll pick you up from there ...

在交际中还存在着一种可能性，即交际者在听到一个请求前话语时，既不采用四成分模式者的"允许"方式，也不提供帮助，而是好像听到一个请求一样，直接对它进行回应。也就是说，在这种请求模式中，交际者的请求实际上并没有发出，却好像实际存在一样。所以这种方式是最合意的请求方式。例(8)中 H 直接对 S 的请求前提问做出反应。

(8) [Levinson, 1983: 361]

S: Have you got Embassy Gold please?

H: Yes dear ((provides))

在对他人的言语行为进行回应时，听话人有时会面临着互相冲突的合意选择。例如在面临着他人的恭维话语时，听话人需要同时面对两条合意选择：①不要赞扬自己；②尽量不要表达与他人的不一致。因此听话人面临恭维就不能直截了当地接受恭维，因为这违反了第一项合意选择。当然也不能明确地拒绝，因为这违反了第二项合意选择。听话人于是采用很多种手段来做出恰当的回应，如接受恭维但适当降低它的程度，参看例(9)中 B 的回应。

(9) [Pomerantz, 1978;转引自 Pomerantz and Heritage, 2013: 221]

A: Oh it was just beautiful.

B: Well thank you Uh I thought it was quite nice

9.3 选择等级常被误解

选择等级是会话分析的一个重要概念,也是常常引起误解的一个概念。这里我们直接引用谢格罗夫著作中的一段话来概括这个概念的确切意义。谢格罗夫(2007:61)认为:

It is important throughout this discussion of preference and dispreference to keep clearly in focus that this is a social/interactional feature of sequences and of orientations to them, *not a psychological one*. It is not a matter of the motives or desires or likings (in that sense of "preference") of the participants - whether speaker or recipient, of first or second pair part (although in any given case the sequential preference and individual leaning may coincide, perhaps even in most cases). **"Preference" and "dispreference" refer to a structural relationship of sequence parts.**

在对合意/不合意进行讨论时必须强调,合意或不合意指的是话语序列以及对它们的适应而形成的一种社会或交际方面的特征,不是一个心理学的概念。它并不是指交际者的动机、愿望或喜好("preference"的通常含义),无论交际者是相邻对子的第一部分或第二部分的发出者或接受者(尽管在某个特定场合,也许在大部分时候,序列的合意结构与个人的倾向是吻合的)。**"合意"与"不合意"指的是构成序列的各部分之间的结构关系**(粗体为笔者所加)。

第10章 补救机制

日常会话的一个突出特点是会话常常出现犹豫、修改、词不达意等现象，但交际者仍然可以顺利地交流。这是因为当会话出现问题时，交际者会采用一定的方法进行补救(Repair)。最初是指会话的话轮转换发生问题时采取一定的措施进行补救，如当两个发话人的话轮出现重叠时，其中的一个发话人自动放弃，或者双方竞争，恢复到只有一个发话人讲话的状态。后来这个术语用来涵盖会话中出现的各种问题，包括口误、话语内容上的错误、没有听清、误解，等等。必须强调的是，补救的对象决不限于通常所谓的错误。有时候交际者对没有明显错误的对象进行补救，有时对出现的错误却又放过不予理睬。

10.1 什么是补救机制

因为会话是由至少两个人参与的活动，会话中的补救就跟发话人和听话人都有关系。当会话中出现了需要补救的对象(the trouble source or repairable item)时，可以由发出这一对象的发话人自己来完成补救，也可以由听话人来完成补救。某一补救行为既可以由听话人来要求或引发，也可以由发话人自己来引发。这样便得到四种基本的补救类型。

a. 自我引发的自我补救，指发出补救对象的人引发和实施的补救，如例(1)。

b. 他人引发的自我补救，指发出补救对象的人在听话人要求下进行的补救，如例(2)。

c. 自我引发的他人补救，指发出补救对象的人自己要求但由他人完成的补救，如例(3)。

d. 他人引发的他人补救，指发现补救对象的听话人自己要求并由他本人完成的补救，如例(4)。

(1) [刘运同,2006:113]

[我也希望]# {我希望}在今后的生活中,各方面都能不断地提高自己,以争取更大的进步。(25/2)①

(2) [刘运同,2001: 84]

A: 两个烧麦,一个花卷儿。

B: 几个烧麦?

A: 两个。

B: 嗯。((把烧麦和花卷儿递给A))

(3) [BC:Green:88,转引自 Hutchby and Wooffitt,1999: 63]

B: He had dis uh Mistuh W-m whatever k- I can't
think of his first name, Watts on, the one that
Wrote [that piece

A: [Dan Watts.

(4) [GJ:FN, 转引自 Hutchby and Wooffitt,1999: 63,略有改变]

Milly: and then they said something about Kruschev has
Leukemia so I thought oh it's all a big put on.

Jean: → Breshnev.

Milly: Breshnev has leukemia. So I don't know what to
think.

根据会话的话轮转换规则,不同的补救引发和补救完成发生在不同的位置。例如,听话人引发补救主要发生在包含补救的话轮之后的第一个话轮。发话人自己引发补救出现在包含补救对象的这一话轮中,或者这一话轮完成后的转换空间(Transition Space)内。发话人所完成的补救可以出现在上述的引发位置,也可以出现在听话人要求补救之后的话轮中。听话人完成的补救可以出现在发话人话轮

① 需要补救的成分放在方括号里,补救的成分放在大括号里,"#"表示补救引发大致开始的位置。

之后的第一个话轮。

会话分析的研究表明，在补救行为中存在着选择等级，即补救行为倾向于自我引发，倾向于自我补救。这主要是由于自我引发和自我补救在出现位置上先于他人引发和他人补救，发出补救对象的人比听话人拥有更多的机会来引发和实施补救。并且，他人完成的补救具有不合意选择所具有的一些特征，如停顿、委婉等。在例(5)中A在报号码时出现了一个错误(第3行)，这是一个明显的错误，但是听话人C并没有立即纠正他的错误，因此出现了一个短暂的停顿。然后A开始纠正自己的错误，与此同时C要求补救的话轮也开始了，二者形成了重叠。并且注意虽然C有理由纠正A的错误(他已经给了A额外的时间来纠正自己的错误)，他仍旧使用引发的方式(seven five what)来等待A自己纠正他的错误。在听话人真正进行补救时通常使用诸如"I think" "you mean" "might"等词语来减弱自己行为的冒犯性质。

(5) [Hutchby and Wooffitt, 1999: 67]

1 A: the time for you, [.h

2 C: [yes

3 A: i:s: oh one seven five night

4 (.)

5 A [[seven five ni:ne,] ((Smiley voice))

6 C: [[seven five what.(.)]yes

7 A: one eight one eight,

8 C: one eight one eight

补救是交际者达到相互理解的重要方式，在会话中占有重要的地位。同时我们还可以看出，补救机制与会话中的其他规律有着密切的关系，如话轮转换规则、选择等级等。会话中的这些规则相互联系、相互作用，为人们研究会话的结构提供了基本的工具。

10.2 口语补救的作用

以往的研究者往往因为会话中存在补救现象而轻视口语，认为口语不如书面语有规律。但是即使是在这个方面，会话分析研究者的观点仍然是革命性的。会话分析学派把人们进行口语补救的努力当作是人们进行交流的重要资源，而不是需要排除的消极因素。对于一种语言来说，会话补救还扩展了语法的可能性。谢格罗夫(1979:280)认为，会话补救在一定程度上具有超语法的能力(like a super-syntax)。因此，谢格罗夫提出，语法研究应该把会话补救跟句法放在一起研究：

In some respects, the operation of repair in sentences is like supersyntax. It can order and reorder the arrangement of the components of the sentences as well as restructure its overall shape. It is systematically relevant to sentences and is at any point an alternative to other ordering devices for next bits of talk ... The "non-syntactic" orderings produced by repair are not unsyntactic in principle; they happen not to be components of the types of syntax of which we currently have accounts.

从某些方面来说，会话补救对于句子来说就像是超级句法。它不仅可以重新调整句子的结构，而且可以调整或再次调整句中成分的顺序。这跟句子就有了系统性的关联，它成为一种替代手段，在任意一点上都跟其他语序手段一样对后续的产出产生影响。由补救造成的"非句法"的排列原则上并非不具有句法性质，它们只是凑巧不是我们目前熟知的句法类型中的要素而已。

第 11 章　会话的宏观结构

有些研究者认为会话分析的研究似乎只是关注于一两个话轮组成的会话片断，对较大的会话活动研究不多。实际的情形并非如此。相邻对子只是进行会话分析的一个基础框架，以相邻对子为基础，会话分析学者还研究了较大的会话序列，如会话补救序列、各种前序列，等等。此外，对于较长的会话，会话分析学者对它们的构成也进行过研究，对会话的宏观结构也做出过严格而细致的说明。这方面最成熟的研究当属对电话交谈的研究。

11.1　电话交谈的开端

例(1)是一个普通的电话交谈的开始部分，我们以它为例来说明电话交谈开端的结构。谢格罗夫(1968)的研究表明，电话交谈实际上是从电话铃声开始的，电话铃声与其后的回答构成了一个召唤—回应对子。因此接电话的人(R)第一次发出的“hello”或者类似的回应并不是用来打招呼的，而是对电话铃声发出的召唤的回应。并且接电话的人除了回应召唤以外，还通过自己的声音片断让打进电话的人(C)来判断谁是接电话的人。C(Hyla)在第 2 行中的“Hi”才是互相问候序列的第一部分，同时用来表明自己已经通过 R 在第 1 行中的声音片断认出了 R。R 在第 3 行中对 C 的问候进行回应，同时表明自己已经认出了 C。至此双方完成了辨认对方身份的任务，但是并没有明显地表明自己在辨认对方的身份，而是通过最简单的召唤—回应、问候—问候相邻对子完成了这样的任务。下面的任务是询问对方的情况(第 5 行、第 6 行)，从中可能延伸出第一个话题。这种形式的电话开端当然不是唯一的方式，而只是一种合意的序列结构。电话交谈的开端有许多种形式，但是无论哪种形式，都表明交际者在交谈的开始部分意识到或者合作完成了一系列任务，如辨认对方的身份、进行问候等。同时必须指出，这种以英语文化作为基础的研究，并不具有普遍性。Houtkoop-Steenstra(1991)的研究显示，荷兰人在接电话时不是使用类似“hello”这样的词语，而是使用自我介绍的方式，如例(2)。

(1) [Hutchby and Wooffitt，1999：124-125]

(Ring)

1 Nancy：H'llo?

2 Hyla：Hi：，

3 Nancy：Hi：：.

4 Hyla：How are yuhh=

5 Nancy：= Fi：ne how er you，

6 Hyla：Oka：y，

(2) [Hutchby and Wooffitt，1999：115]

A：It's Reina de Wind?

B：Hello：，it's Bren.

11.2　电话交谈的结束

电话交谈的结束与其开端略有不同，谢格罗夫和萨克斯(1973)所做的研究只是一个初步的研究，因为他们认识到，会话的结束跟整个会话的结构和会话中话题的结构都有密切的关系。按照会话分析的习惯，他们勾勒出会话结束时交际者所需要解决的问题是什么。所谓会话的结束就意味着：“会话中交际者同时到达一个位置，一个交际者完成他的话轮之后并不需要另一发话人说话，两人的沉默并不被听作是这一发话人的沉默。”解决这一难题的方法是使用所谓的结束序列，如常见的互致“goodbye”。虽然这样的序列可以结束一个会话，但仍然有一个关键的问题没有解决，就是什么时候开始使用这样的序列。在结束会话前，交际者双方需要通过一定的方式表明想要告诉对方的事情已经说完，没有什么新的话题要提出。在英语中交际者可以使用诸如“well”“ok”这样的手段来表明自己已没有什么话要说。因此对于会话结束来说，重要的不是用什么方式结束会话，而是逐步地做好准备，一步一步地、互相协商地结束会话。

我们利用上面的背景来具体分析一个例子。例(3)中,R 提议 C 和 R 一起进餐,C 表示同意,并进一步确定了地点。在第 4 行中有一个 0.7 秒的停顿,出现在 R 完成自己的话轮之后,可以看作是属于 C 的停顿。之后 C 使用“okay so”来开始自己的话轮,注意 so 发音的延长。R 进一步确定了吃饭的时间和地点,C 用“okay”来回应(第 7 行)。R 在第 8 行的询问表明自己已经没有新的内容可谈,把话轮交给 C。C 同样用“okay”来回答,同时加上感谢的话,这样便结束商议进餐时间和地点的话题。在第 11 行、第 12 行中双方再次确认所决定的活动。在第 13 行中,C 使用所谓“可能的结束前手段”来表明自己欲结束会话,R 使用同样的方式表示认可。然后双方互道再见(第 14 行、第 15 行),整个会话在双方协商的基础上得以完美结束。

(3) [Levinson, 1983: 316-317]

01 R: Why don't we all have lunch

02 C: Okay so that would be in St Jude's would it?

03 R: Yes

04 (0.7)

05 C: Okay so:::

06 R: One o'clock in the bar

07 C: Okay

08 R: Okay?

09 C: Okay then thanks very much indeed George=

10 R: = All right

11 C: //See you there

12 R: See you there

13 C: Okay

14 R: Okay//bye

15 C: Bye

11.3 会话中的故事

在会话中讲述故事或者笑话也很常见,会话分析学者在分析会话中的故事时关注的问题与篇章语言学不同，他们关心的问题是在会话中故事如何得以完成。在会话中人们并不是想讲故事就可以讲故事，会话是按照话轮转换规律进行的，欲讲故事的人必须获得讲述一长串话语的权利。另外，故事也不是一个人讲述，一个人单纯地听，听故事的人必须在适当的地方做出适当的反应。要完成这些任务，会话分析学者发现整个故事的呈现也是一种有规律的现象，是交际者综合使用多种交际手段合作完成的。

(4) [Hutchby and Wooffitt, 1999: 132-133]

L: Are you not feeling very [we:ll,
J: [°( )°
(.)
J: No I'm all ri:ght
(.)
L: Yes.
(0.6)
J: °Ye:s I'm all right,°
L: °Oh:. °hh Yi-m-You know I-I-I'm broiling about
something hhhheh[heh .hhhh
J: [Wha::t.
L: Well that sa:le.(0.2)At-at (.) the vicarage.
(0.6)
J: Oh ye[:s,
L: [.t
(0.6)
L: u(.)ih Your friend 'n mi:ne was the:re
(0.2)
J: (h[h hh)
L: [mMister::, R:,
J: Oh y(h)es, °(hm hm)°
(0.4)

L: And em:.p we(.) really didn't have a lot'v cha:nge
that (.) day becuz we'd been to Bath 'n we'd been:
Christmas shoppin:g, (0.5) but we thought we'd better
go along t 'th' sale 'n do what we could, (0.2) we
hadn't got a lot (.) of s:e- ready cash t'spe:nd.
(0.6)
L: In any case we thought th' things were very
expensive.
J: Oh did you.
(0.9)
L: AND uh we were looking round the sta:lls 'n poking
about n' he came up t' me 'n he said Oh: hhello
Lesley, (.) still trying to buy something f'nothing,
.tch! .hh [hahhhhhhh!
J: [.hhoohhhh!
(0.8)
J: Oo[::: [:L e s l e y]
L: [OO:! [ehh heh heh]
(0.2)
J: I:s[n't] [he
L: [What]do y[ou sa:y.
J: (0.3)
J: Oh isn't he drea:dful.
L: °eYe::s.°
(0.6)
J: What'n aw::ful ma:[::n
L: [eh heh heh heh
J: Oh::: honestly I cannot stand the man it's just
(no[:)
L: [I thought well I'm gon' tell Joyce that, ehh heh

我们来剖析一个日常的电话交谈中人们讲述故事的方式。在上面的会话中 Lesley 向朋友讲述了自己受到的污辱，R 先生讽刺她利用慈善义卖淘便宜货。故事是从第 9 行开始的，Lesley 提到“I'm broiling about something”。根据 Hutchby 和 Wooffitt(1999:134-142)的分析，Lesley 在这句话中使用的“broiling”一词很值得注意，因为在英语中 broil 指一种混乱或者混淆状态，或者指做菜时加热到很高的温度。但这两个意义似乎并不是发话人要表达的意思，Hutchby 和 Wooffitt 猜测，Lesley 可能是把 brewing(酝酿)和 boiling(沸腾)临时合并起来，来表达自己那种怒火满胸、急于找人倾诉的状态。并且这样的话轮还告诉听话人所讲述的故事是什么样子的，听话人应该做出什么样的反应。会话分析学者把这样的话轮称作“故事开端语”。讲述故事的人利用故事开端语告诉听话人一个长的故事将要开始，这个故事可能需要一系列的话轮构成单位，而不是三言两语就能完成。在故事的开端语之后，听故事的人用“what”来要求讲故事的人讲述自己的故事。整个故事在第 12 行到第 35 行讲述完毕。因此在会话中整个故事的结构是由三个部分组成。

讲故事者：故事开端语
听者：　　请求讲述故事
讲故事者：讲述故事

但是在故事的讲述过程中听话人不只是被动地听讲，还积极地参与讲述者的讲述中，引发、帮助他完成故事的叙述，并在故事结束时做出合适的反应。在 Lesley 得到允许讲述自己的故事后，她首先交代故事发生的地点。她首先使用一个一般性的表述（the sale），之后是一个很短的停顿，补充上教区牧师住宅(vicarage)这个特征让听话人辨认，经过一个 0.6 秒的停顿，Joyce 才明白讲话人所指称的地点(第 14 行)。讲述故事的人在告诉故事的主角时也出现了同样问题，她首先使用“Your friend ' n mi:ne”这样含糊的说法，在听话人无法确定所指时才说出“Mister R”这样明确的指称。Joyce 的回应包括笑声，表明她明白这个 R 先生会做出什么样的事来。

在故事讲述完毕之后（第 35 行），Lesley 首先发出了笑声，几乎与此同时，Joyce 也发出了笑声，表明她对 Lesley 故事和情绪的理解。在一个 0.8 秒的停顿之后，Lesley 和 Joyce 再一次发出笑声，不过这次是 Joyce 首先开始的。故事讲述者和听故事的人就这样通过笑声来互相引发与附和对方，来表达他们立场和情感的一致。在这之后，他们进一步通过言语来传达出互相的理解。有意思的是 Lesley 最后的话语，她在当时就想到应该把这个故事告诉 Joyce，这更加证明会话中人们所讲述的故事并不是任意的，而是针对特定的听众的。

可以看出，会话分析对故事结构的分析与篇章语言学的侧重点是不同的，会话分析所关心的是会话中的交谈者如何获得讲述故事的权利，如何使自己的故事适合特定的听众。而作为听众，不仅通过取消自己的话轮权来鼓励和引导讲述者完成故事的讲述，而且在故事的结束还需做出合适的反应。在这个过程中交际者不仅利用相邻对子等会话规则，还利用人物指称、地点指称等多种会话手段来完成故事的讲述。

第 12 章　会话分析的转写方法

会话分析并不是第一个利用录音录像数据进行研究的学派。早在 20 世纪 50 年代语言学家 Fries 的《英语的结构》(*The Structure of English*)就是以电话对话的录音为基础完成的。但是会话分析学者对录音录像数据的“迷恋”确是无出其右者,这固然有当时历史环境因素的影响,却跟会话分析学者尝试建立新的社会学的努力有很大关系。

12.1　录音录像数据

会话分析学者在与既往及当时的一些社会学理论对话中发现,既往及当时的一些社会学缺乏建立在对社会行为的细致观察分析基础之上的理论建设和阐释(谢格罗夫,1996:162)。而要改变这一状况,就要关注人们在真实环境下的交互行为,从中找出人们完成各项任务的方法。既然会话分析研究的对象是人们的交往活动,但是由于人们的交谈活动是转瞬即逝的,无法用常规方法(如观察笔记)保存下来,会话分析学者只好另辟蹊径。随着科学技术的进步,录音/录像设备的出现为这一问题的解决提供了可能。因此对会话分析来说,要研究人们的交互活动,唯一的方法就是对发生在真实环境下的交互活动进行录音或录像。录制人们的交谈活动首先起到保存真实交流活动的细节的作用。这也解释了为什么会话分析学者常常引述大段的会话,因为录音录像材料不仅呈现出研究者观察的某些语句或行为,还呈现出发生在这些语句或序列的前后的行为,这些对研究者理解和判断交际者的行为都有帮助。对会话分析学者而言,录音录像(包括对其的转写)还具有更重要的作用,那就是它们将成为整个学术社团的共享材料,可供人们反复研究,不断改进,成为人们评价研究者的分析是否有效的依据。Heritage 和 Atkinson (1984:4)对录制的语料在会话分析中的作用做了如下的概括:

... the use of recorded data serves as a control on the limitations and fallibilities of intuition and recollection; it exposes the observer to a wide range of international materials and circumstances and also provides some guarantee that analytic conclusions will not arise as artifacts of intuitive idiosyncrasy, selective attention or recollection, or experimental design. The availability of a taped record enables *repeated* and *detailed* examination of particular events in interaction and hence greatly enhances the range and precision of the observations that can be made. The use of such materials has the additional advantage of providing hearers and, to a lesser extent, readers of research reports with *direct* access the data about which analytic claims are being made, thereby making them available for public scrutiny in a way that further minimizes the influence of individual preconceptions.

使用录制的数据是为了控制直觉和回忆所带来的局限和不可靠。录制的数据使观察者可以接触广泛的交际材料和当时的境况，还可以提供一定的保证，证明研究者所做的分析不是来自个人独特的直觉、有选择性的注意、记忆或者试验设计等造成的假象。使用录音磁带可以使研究者重复地、详细地考察交谈中特定的事件，因此极大地提高了所做观察的范围和精确程度。使用这类数据还有一个附带的好处，就是可以使听众(在一个程度上包括研究论文的读者)直接接触分析结论所依据的数据，使他们可以详细审查这些数据，这样进一步避免个人的先入之见。

因此可以说，会话分析采用录音/录像作为基本的证据并不是偶然的，而是跟会话分析追求建立一个自然、观察的社会科学这一目标紧密相连的。萨克斯(LC2①:26)反复强调，社会科学首先要研究真实发生的社会行为，他指出："我对会话的研究就是采用这种偶然的方式进行的，会话是实际发生的事件，我们把它得到，或多或少地转写下来，用这些材料作为开始。如果你不能从实际发生的事件的真实细节开始，你就无法对社会生活进行科学研究。"会话分析追求的目标是建立可观察的社会(科)学。萨克斯(LC1:27)心目中理想的科学范式是生物学："人种志与我正在试图做的之间的区别是，我试图发展一种社会学，在这里读者可以跟作

① LC2 表示《会话讲座》第 2 卷，下同。

者拥有同样的信息，可以重复作者的分析。如果你曾经读过生物学的论文，（就会发现）论文中比如说会这样写，‘我使用了这种或那种药物，是在乔的药房买的’。他们告诉你他们做了什么，你可以买到这些东西，看看他们做的是否真的会发生。你可以再次观察。在这里我给你们看一些材料，你们也可以对它们进行分析。它们比芝加哥学派的作品来得更具体。”录音录像材料就如同生物学家的标本，其他的研究者利用这些标本可以观察到同样的内容。

12.2　会话分析的转写系统

12.2.1　杰弗逊转写系统

虽然会话分析学者强调对研究的对象应当进行录音录像，但他们进行研究的直接对象并不是这些录制完成的材料，而是对录音录像的转写。这当然是由于研究者无法直接把人们的交互活动原封不动地在论文中呈现出来，而必须借助文字形式。会话分析学者逐步发展出了一套记录和转写的方法，用书面形式来呈现人们交互活动的细节，作为分析的一种准备工作。这套转写系统主要是由杰弗逊所设计的，最终成为会话分析学者的“共同语言”。

12.2.2　四类要素

一些专家（Cencini，2002：206）把口语转写系统要处理的内容分为四类：①U要素，即人们在交流中产生的语句；②具有交际价值的非词声音；③身势语；④发生在交流活动当中的一些事件（如电话铃声等）。杰弗逊转写系统自然也包括了这四类信息，但各类信息所占的比重自然有所区别。

1. U 要素

会话分析的转写系统要求忠实地记录下交际者所说的每一个语言成分，而不是按照书面语的规则对其进行改写或净化。例如：

（1）[Clayman，2013：644]

I do <u>not</u> agree with you .hhhh that the approach <u>we</u>
have taken (.) toward South Africa is-　a-　is an
incorrect appr<u>oa</u>ch.

这是一名被访者对主持人提问的回答，我们可以看出，除了句子中间的停顿（".hhhh" 表示吸气；"(.)"代表极短的停顿），还有一个重要的修改，发话人在句末把"a"改为"an"，以适应后续的"incorrect approach"。如果我们按照传统的秘书式的记录方式，一般会写成下面的样子。如果只是观察例(2)，我们将无法了解交际者是如何一点一点地完成自己的语句的（特别是进行补救的方式）。

(2) 笔者改写

I do not agree with you that the approach we have taken toward South Africa is an incorrect approach.

2. 非词声音

a. 未完整发出的词语，如例(3)中的"bla-"。发话人在未完成"black"之前就放弃了说出该词，转而使用"very dark skinned"来继续自己的话语。注意"-"也可以出现在一个词语后面表示突然的停顿，如例(1)中的"is-"和"a-"。会话分析学者发现，突然的停顿跟会话中的补救引发有关。

(3) [Hepburn and Bolden, 2017: 35]

01 Mum: ... I al:ways thought that people from Jamaica

02 [were always bla- very dark skinned.]

在转写汉语语料时，由于汉字是跟音节对应的，因此有时候无法准确地表明突停的位置，这时可用拼音加以辅助。例(4)的增减出现在"实践"的第一个音节"实"之后。实际上发话人刚刚开始发这个音，就迅速地丢弃，以至于听起来这个音没有发完整。虽然按照语音学原理，"shi"的声母不可能单独存在，我们还是用"sh"来表示不完整的、刚一开始就放弃的音素。

(4) [刘运同，2006：116]

此外我不仅参(.)加了学校组织的环境管理部门的[sh-]＃{参观实}践，还利用假期参加社会实践，担任过商店促销员、市场调研员等商业角色，并从这些社会实践中，嗯[积]＃{积}累了社会阅历，[增加了]＃啊{提高了}实践能力。①

① 方括号里的为需要补救的成分，大括号里的为补救成分，"＃"表示补救引发大致开始的位置。

b. 呼气声音和吸气声音。呼气的声音(用“h”表示)可能出现在话轮结束的地方,或其中一个词语的中间,如例(6)的“hhospital”和“tihday”。吸气的声音用英文的句号加上“h”(.h)来表示。

(5)［Hepburn and Bolden，2017：66］

Lia：why did Al go with you and wha' did you °say to her. hh

(6)［Hepburn and Bolden，2017：66］

Bee：... she went to thee uh:: hhospital again tihda:y,

吸气的声音更常见,通常是用来表示准备发话,或者继续自己的话轮,参看例(1)中“that”之前的吸气音。

c. 其他一些声音,如嘴唇相碰发出的声音(.pl.hh、.kh),啧啧声(.tch),以及清嗓子的声音(hkm、mhgmhm、MHGHM)。

d. 不同的笑声:会话分析学者发现会话中的笑声有一定的交际价值,因此对不同的笑声进行细致的转写。因为笑声不仅涉及元音的发音,还涉及辅音的发音,以及送气等因素,对它的转写需要十分细致,会话分析学者采用不同的字母来模仿不同的笑声,如 uh/hah/heh/hih/hoh/ha/ehh。例(7)中的笑声出现在发话人对遇到的麻烦的讲述之后。

(7)［Hepburn and Bolden，2017：74］

Jen：No I've gotta pimple on my chin en one on my eyebrow

so ah ha ha ↑ha

e. 语言中的一些(准词汇)填充成分或反馈项目。如例(6)中的“uh”。谢格罗夫(1979)的研究表明这些填空成分跟会话补救有密切的关系,比如“uh”引发的补救往往是后向的。另外一些准词汇的声音还可以用作反馈项目,如例(8)中的“uh huh”。

(8)［拜伯等,2009:1091］

A：Her name is Martha <name>

B：Uh huh.

A：And then she married Alfred P <name> , my grandfather.(AmE)

3. 身势语

会话分析学派早期多利用录音材料，后来由于录像材料的增多，在转写中增加了身体语言的记录。对身体语言的转写目前主要集中在眼光接触和手势语两方面。身势语可以通过多种方法记录，如：通过转写者的评论；通过一些特殊的标记符号；通过视频截图等（Hepburn 和 Bolden，2017：105）。

a. 通过转写者的评论

例（9）中放在双括号的文字用来说明交际者眼光的接触。哪怕这样简单的文字也可以表明，在交谈中 Betty 向 Hank 提出了一个问题，但是由于 Hank 没有及时回答，Rich 主动提供了答案。但是 Betty 在后续的话语（第 5 行）坚持向 Hank 提问要求确认。利用方括号（[）转写者还可以标明人们进行眼光接触的具体位置。

（9）［Hepburn and Bolden，2017：106］

```
1  Betty: What-  what-  what [building. ((to Hank))
                             [((Rich turns to Betty))
2         (.)
3  Rich: D.
4         (0.3)
5  Betty: D[::?   ((to Hank; Rich turns to Hank))
6  Hank:    [Right der.
7  Betty: That's where I am.
```

b. 通过一些特殊的标记符号

标示眼光接触的一套常用系统是由 Charles Goodwin 在 20 世纪 70 年代发明的。在例（10）中由 A、B、C 三人参与交谈，目光接触用交谈者话语之上的实线表示。在第 1 行，A 在发话时目光转向 C，而 C 也把目光转向 A（一直持续地看着 A 直到第 2 行结束），而 B 与 A、C 则没有目光接触。在第 2 行，A 继续他的话轮，但是把目光从 C 处短暂转向自己比划的动作（用英语的逗号表示），等到发出“wide”一词时又把目光转向 C。在 A 的话语进行当中，B 从 A 话语中的停顿（用几个短的破折号表示，而不是数字）开始把目光转向 A。除了 Goodwin 的转写系统以外，还有其他一些系统，如 Rossano 的符号系统等。

(10) [Hepburn and Bolden, 2017: 110]

```
1        A:      C___________________________
                 he's a chihuahua
         B:
         C:      A___________________________

2        A:      ,,                                .C_
                 but he's s- this(--------)like wi:de.
         B:                          .A______________
         C:      A____________________________________
```

c. 通过视频截图

有一些研究者利用编辑过的视频截图(以保护被录人的隐私)来展示交际者的相互位置以及眼光接触、手势等身体语言。由于身体语言的丰富性,如何在文字的语境中来显示这些信息,成为录像转写和分析的关键,亦成为会话分析的新挑战。

4. 发生在交流活动当中的事件

这类事件通常并不是交流活动的一部分,但也会对当前的交流产生影响。如突然听到电话铃声,交际者可能会暂停正在进行的交谈等。在例(11)中,如果只听录音,我们会觉得其中的"谢谢"很突兀。如果去看当时活动的录像,我们就立刻明白它出现在这里的缘由。原来发话人正在发表演讲,工作人员给他送了茶水,这个"谢谢"是对工作人员说的。但是我们看到,这个插入的"谢谢"打断了演讲者正在进行的话语,他使用重复的手段来继续自己的话语。发生在交流活动中的其他事情在转写时通常放在双圆括号里。

(11) 演讲片段

咱们的价值观在崩塌啊诸位,中华民族的价值观在崩塌啊,基本的道德伦理在崩塌。这么说不是凭口说的。前一段中国的一些著名高校要给-因为现在中国的高校里都是九零后的孩子啊,本科生,九零年的嘛也读大学三年级了,发现他们啊,((工作人员送来茶水))谢谢,发现他们啊,欸好多传统的文艺作品没有看过,这个经典作品没有看过,所以希望他们补,就组织他们看。

12.2.3 关注重点

如果从所包含的信息来看，杰弗逊所发明的转写系统与其他系统相比并没有太大的差异，但是杰弗逊转写系统所关注的重点却与其他系统有所不同。Hutchby 和 Woffitt(1999:76)认为在进行转写时会话分析学者所关注的内容可以归纳为两类：一是有关会话转换的因素，如话轮的开端、结束，话轮交叠，停顿等；二是话语发出时的特点，如重音、语调、清晰或含糊等。我们将结合实例来说明会话分析如何来转写这些因素。

1. 话轮转换、交叠

在实际的交谈中，除了很顺畅的很少停顿和交叠的谈话之外，交际者的话语出现重叠的现象是屡见不鲜的。为了捕捉到人们交谈的规律，对这种现象做出细致描述是很重要的。参看例(9)中的第 1 行和第 5 行、第 6 行。上下对齐的方括号(左边)用来表示两个交际者同时开始交谈，话轮出现了重叠。也可以表示一个发话人的身体动作开始的地方，如例(9)的第 1 行。同时还可以用右边的方括号表示重叠话轮结束的地方，见例(12)。

(12) [Hepburn and Bolden, 2017: 27]

```
01  Edn: OH. w' l that's [ wonderful.]
02  Mar:                 [En then uh, ]
```

另外，如果某一个交谈者或者两个交谈者的话轮紧紧连在一起，中间几乎没有任何间歇，可以用"="来表示。通过这些符号，人们才可以了解两个交谈者如何实现话轮转换，如何互相配合，形成一种快速而又默契的交谈。在例(13)中 BRI 的话轮中包含了三个 TCU，中间用"="标示，用来呈现一种几乎没有停顿，快速过渡的风格，表明发话人在 TRP 到来之时暂时不愿放弃话轮的努力。不过，有时用"="来连接一个发话人的话语，却是出于其他的目的，如更清楚地表明话语重叠的位置。在例(14)中 Phil 的同一个 TCU 被分割在第 1 行和第 4 行中，中间用"="连接。同样 Hazel 的回应(笑声)也相应地转写在第 2 行和第 5 行中。

(13) [Hepburn and Bolden, 2017: 33]

BRI:　　I ↑DIHdn't KNO:w.= LhIsten.= Okay wait hold on.

(14) [Hepburn and Bolden, 2017: 33]

01　Phil:　　[I don't　[think you're gonna give ` im]=
02　Hazel:　　　　　　　[a h H A H　HA　↑HA　↑HAH]=
03　Kir:　　=[hih　ha　hah hah ha　.h]　　　[i.h]　h　h]=
04　Phil:　　=[a MO:MENT'S CHOI:CE:!　　]　　　[Hh]
05　Haz:　　=[ahah　hah　ha　hah　.hh]　　　[h h h　　　]=

与此相关的一个符号是单用的小于号(<),它用来表明突然开始下一个TCU,这也是一种保持话轮的手段。例(15)中妈妈在完成她的第一个 TCU 后,突然转向另一个话题,她的第二个 TCU 就显得开始得稍微早了一些,这时采用单用的小于号来表示这类突然的开始(jump-start)。

(15) [Hepburn and Bolden, 2017: 36]

01　Mum:　　Ah think John enjoyed it didn'e.<He's ↑ni:ce
02　　　　　isn'e.= John:,

人们的交谈中还存在长短不一的停顿(pause),这些停顿在交际中所起的作用也是不一样的。根据萨克斯等(1974)对话轮转换系统的经典研究,这些停顿可以进一步分为:(a)话轮沉默或可归属沉默(turn silence or attributable silence),指应用了话轮转换规则中的第一条规则后出现的沉默,例如被提问,却不予回答。(b)空隔(gap),指当前发话人结束话轮但未选定下一个发话人时,其他人自选或无人自选当前发话人继续自己的话轮之前的停顿。(c)间断(lapse),指没有应用话轮转换规则中的任一规则产生的停顿。此外还有发生在发话人话轮内的停顿。会话分析对哪怕是 0.1 秒的停顿都十分在意,在转写语料时用秒表来计算停顿的长短。在转写时,会话分析通常用(.)表示短于 0.2 秒的停顿,用放在圆括号里的数字来表示停顿的时间长短,单位是秒。参看例(1)中的出现在发话人 TCU 内的短于 0.2 秒的停顿(.);例(9)中第 4 行中 0.3 秒的短停顿。需要指出的是,会话分析所关注的并不是停顿的绝对长短,而是它们的交际价值。

2. 言语产出方式

会话分析的转写系统不仅关注发话人说了什么，对发话人的言语产出方式也十分重视，设计了许多符号来表示发话人言语的韵律特征。下面择其主要特征及其标示符号进行说明。

a. 单个的冒号标示声音的延长，注意符号放置的位置，例如，no：与 n：o 是不同的。多个冒号标示更长的延续。

b. 大写字母表示音量的增大，见例（14）第 4 行的“MO：MENT'S CHOI：CE：”。

c. 相反音量的减少用“°”表示，可以使用多个，既可以用在一个单词的前面，也可以成对用在一串词语前后。

d. 下划线表示强调（音量增大或音高增高），可以用于某一音素下，也可以用于整个音节或词语下，如 bu<u>i</u>lding。

e. 音高的抬升或下降，用“↑”“↓”表示，既可以用在一个单词的前面，也可以成对用在一串词语前后。也可以使用双箭头标示程度的增加。如↑speak，matt：↓ress：。

f. 词语的音高变化用下划线与冒号配合起来表示，下划线后跟冒号标示轻度的由高到低的变化，如 p<u>a</u>：ssing；相反，在冒号下使用下划线表示轻度的由低到高的变化，如 les'n<u>：</u>s。

g. 句子的语调变化借用常规的标点符号表示：句号表示下降的语句或最后的调型；问号表示明显的上升语调；逗号表示轻微上升的语调；反写的问号表示比逗号强但比问号弱的上升语调；放置在末尾（特别是词尾）的下划线表示没有变化的调型。

h. 其他，如“the”有两个发音，位于辅音前的被转写为“thuh”，出现在元音前的被转写为“thee”等等。

这里的介绍无法涵盖会话分析转写系统使用的全部符号，有兴趣的读者可以参考 Hepburn 和 Bolden（2017）年出版的《社会科学研究中的转写》（*Transcribing for Social Research*）一书。书中专门介绍会话分析转写系统，对会话分析转写的细节问题有很明确的解释和说明。

12.3　转写的重要意义及课堂研究的挑战

把以口头语言为主要媒介的交流活动转写成文字,本身就不是一件容易的事,也不可能做到百分之百的“保真”。所有的转写都是有所选择的,并受到特定理论的影响。会话分析的转写系统也不例外,我们从上面介绍的会话分析转写系统的关注重点等方面可以明显地看出这一点。虽然也遭到一些批评,但是会话分析的转写系统已经成为进行会话研究者的共同语言,并且成为会话分析研究不可分割的一个部分。任何有志于会话分析研究的人不得不掌握这套转写系统。根据一些专家(Have, 1999:97)的介绍,在进行转写练习时,在有经验的研究者指导下进行多人的转写,发现不一致,不断地修改提高,是一条切实可行的方法。

会话分析的突出特点是利用录音录像记录真实交流活动,然后通过转写发现研究者感兴趣的问题,进行更加系统和深入的分析。这两个步骤被认为是会话分析不可或缺的部分。课堂教学是机构性交谈的一种形式,对它的研究自然可以按照会话分析的方法来进行。但是最近的研究表明,当今的(外语)课堂跟传统的(外语)课堂相比有了较大的变化。在教学方法上更加多样化,更加注重学生的参与(结对活动或小组活动);在教学手段上更多采用现代化的教学方式,如多媒体的使用等。如何真实有效地转写当今的课堂教学活动,如何分析多种媒介参与、复杂多变的课堂教学,这些都对会话分析路向的课堂教学研究提出了新的挑战。

第13章　会话分析的研究方法

13.1　谢格罗夫的示范

谢格罗夫在为萨克斯的《会话讲座》(*Lectures on Conversation*)所作的导论中总结了萨克斯的贡献,认为萨克斯不仅使日常会话成为一个正当的研究课题,创建了新的学科,而且开创了研究人类交流活动的独特方法。刘运同(2007:117)认为,这一评价当然可以推广到会话分析学派整体的贡献。不过,当会话分析创立之初,研究者对会话分析的方法却是充满了怀疑与排斥。最明显的例子来自萨克斯的导师、著名的学者戈夫曼,他对萨克斯的博士论文很不满意,批评它是循环论证。在其他教授的努力下,戈夫曼退出了答辩委员会,萨克斯才终于获授博士学位(谢格罗夫,1995:XXIV)。

1996年谢格罗夫在《美国社会学杂志》(102卷第1号)上发表《对暗示的证实:以基于观察的行为解释为目标》(*Confirming Allusions: Toward an Empirically Account of Action*)一文。谢格罗夫在这篇论文中研究的现象是很普通的,即用重复的方式来表示赞同。但是这篇论文的重要意义却在于谢格罗夫希望通过这项研究来建立以观察为基础的行为理论(to develop an empirically grounded theory of action),用这项研究来示范这种理论建设如何进行(1996:161)。

13.2　谢格罗夫论文的基本内容

这篇论文长达56页,共分为11个小节。

论文的前三个小节分别为:引言、真实的行为和特定的行为、如何描写行为。这三个小节表面看起来有些枝蔓,没有直接进入研究课题的分析,但对我们理解正文的研究却有很大帮助。特别是第三小节中谢格罗夫提出的行为研究三标准,为我们理解和评价会话分析的研究方法提供了明确的参照。

在引言中，谢格罗夫（1996：162）解释说之所以要绕弯子，是为了说明所做的研究跟社会学的理论建设有什么关联。谢格罗夫回顾了既往及当时的一些社会学理论，发现他们要么对语言或交际行为不重视，要么是在理论上重视，却缺乏清晰的描述和展示，以说明应如何来建构以交流为中心的社会学理论。谢格罗夫批评社会学缺乏建立在对社会行为的细致观察分析基础之上的理论建设和阐释，而这正是他及其同事努力的一个方向。

在"真实的行为与特定的行为"一节中，谢格罗夫回顾了以往以及同时代的社会学研究对行为的研究，如帕森斯（Parsons）和戈夫曼对行为的处理，呼吁除了从抽象的、理论的维度来研究交互行为，建构一种基于对发生在社会交往环境下的行为进行细致观察的行为理论也是非常必要的，它可以作为其他社会行为理论的重要补充。引用谢格罗夫（1996：167）的原文（粗体为笔者所加）：

The prospect is **the development of an account of action in interaction grounded in the observable details of conduct in naturally occurring social settings**, which can be juxtaposed to abstract and theoretical account of past and current work, accounts which were grounded in conceptual and normative considerations and invoking the common culture's understanding of typical course of human conduct that are taken to be shared by the writer and readers of this professional literature.

希望能够**产生一种对交际行为的描写，它以对自然发生在社会情景中的言行举止中包含的细节的观察为基础**。这种描写可以跟另一种过去与当代的描写方法形成对比，另一种描写方法的特点是以概念或规范为基础，利用普通人对人类典型行为的文化理解——这种理解又被理所当然地认为由作者和专业研究的读者所共享——进行抽象的、理论性的说明。

第 3 节"如何描写行为"对我们理解会话分析的方法论非常重要。在这一节里谢格罗夫利用会话分析学者过去的研究来说明会话分析所努力的研究是如何进行的。谢格罗夫（1996：169）认为，哪怕是对一种行为的组成要素和位置的简单描述也是一个不错的开始。谢格罗夫举例说明，萨克斯曾经提出，出现在会话的开始位置的问候成分是用来问候他人的，但谢格罗夫的研究表明，出现在电话开头位置的所谓问候语并不是用来问候的，而是回应电话铃声的召唤。对行为进行描写的另一种方式是说明这些行为是某些特定的交谈方式的结果或类属于这些交谈方式。

通过引述会话分析学者所做的一些研究和发现，谢格罗夫概括出会话分析学者研究的一些特点。首先通过"无动机的观察"注意到社会交互活动中的一些特点，然后再进行挖掘。前行的方向可以有两种，一种是从行为到实现行为的手段；另一种相反，从行为的手段到行为本身①。

不论研究者采取何种策略，谢格罗夫(1996:172-173)认为对行为的描写至少要包含三个要素：第一，明确陈述实现的行为是什么；第二，确保这一陈述是建立在会话参与者自身的"实在"之上；第三，解释和说明特定的手段为什么以及如何产生了某一行为。

综上所述，谢格罗夫在前三节实际上是通过对以往和当时的社会学理论及其对行为的处理的批判，勾勒出了会话分析研究者所倡导的行为研究纲要。结合会话分析创立之初的学术背景，我们就可以理解谢格罗夫的良苦用心。

第 4 节为"最初的观察和疑问"。至此，谢格罗夫才开始正式介绍自己所做的一项研究。他关注的对象是交际者使用重复的方法来表示对他人的赞同。以下是谢格罗夫文中的第 2 个例子：

(1) [Schgeloff, 1996: 175]

```
01  Rita:        ... y' know we: went to the mo:vies.=
02               = We went to: uh:m.uh to: (m)u(h):
03               What's the name of (   ) ((off line))
04  Evelyn:      (Sh'beau)?
05  Rita:        (**   ** )(Millbrae)  ((off line))
06               Millbrae.which is over past Burlingame.
07               (0.2)
08  Evelyn:→    Yeah th[at ' s ' n far away.
09  Rita:               [(and-)
```

① 刘运同(2007:34-37)把这两种思路概括为"行为到交谈"和"从交谈到行为"。鉴于会话分析强调社会行为的实现语言虽然是重要的手段，但不是唯一的手段，现把它们修改为行为及实现行为的手段。

10　Rita: ⇉ That's fa̲r away. And- there were t̲wo good movies ...

在这个片断中 Evelyn 在第 8 行说了一句话(that's 'n far away)(用单箭头标示),在第 10 行中 Rita 使用几乎同样的话表示响应(用双箭头标示)。初步看起来,Rita 用这样的方式来表示赞同或者证实发话人的话语。因为在英语中用来赞同他人的话语还可以是"yes" "that's right"等方式,谢格罗夫的疑问就是交际者使用这种重复方式来完成什么样的行为,或者更准确地说,"what (if anything) are these repeats being distinctively used to do when employed as the means for agreeing or confirming"(1996:175)。

第 5 节为建立资料库。为了解答上述问题,第二步就是收集使用重复用来回应的会话片段,建立一个研究对象的资料库。由于在开始阶段我们对研究对象的性质还不是十分了解,在收集资料时无妨大方一些,尽可能收集到多的例证。通过对众多例子的逐个鉴定,研究者同时也增进了对研究对象特点的认识。

通过分析资料库中的例证,谢格罗夫(1996:177-180)归纳出所研究的重复具有如下七个特点:

a. 重复与被重复分别由不同的会话参与者发出。

b. 重复出现在某一话轮之后。

c. 除了出现在第三位置,重复出现的位置大都在第二位置。

d. 重复话轮与被重复话轮基本相同。

e. 重复话轮可以单独使用或与其他成分一起出现,如出现其他成分则位于重复话语之后。

f. 重复话语可能包括其他的表示赞同的成分,它们可出现在重复话语之前或之后。

g. 被重复话语的发出者的话语实际上是提供了对他人处境的一种可能的观察、解释或理解。

第 6 节提供了一个候选答案:对暗示的证实。谢格罗夫认为,用重复来表赞同所完成的特殊任务就是对他人的暗示进行证实。回到上述例子,谢格罗夫(1996:182)分析道,Rita 告诉朋友他们去了一个地方看电影,但是她想不起那个地方的名字,在第 6 行她这样描述那个地点(which is over past Burlingame)。谢格罗夫认为人们可以使用多种方法来描述一个地点，在这里 Rita 使用了一个参照物来说明他们去的地方。在她的话轮之后，Evelyn 说道（that 's 'n far away），正是这句话被 Rita 重复。谢格罗夫解释道，Rita 在自己的话轮中（第 6 行）虽然没有说出那个地方很远，但是暗含着这样的意思。作为听话人 Evelyn 在自己的话轮中表达出她对 Rita 暗含的意义的理解，Rita 采用重复的方法对她的理解进行确认。谢格罗夫认为，Rita 使用这种方法不仅确认了自己所表达的命题内容（那个地方很远），而且确认了自己的表达方式（没有明确说出只是暗示那个地方很远），用谢格罗夫的话就是“重复确认了暗示，并确认了它作为暗示的地位”（ the repeat confirms the allusion, and confirms it as an allusion ）。

在第 7 节谢格罗夫用这个解释来分析一些不太明确的例证。通过分析一个看似不符合甚至与前面例证冲突的例子，谢格罗夫强调所谓的暗示或者明示都是针对参与交流的交谈者而言的，并不是针对所谓的研究者。另外，适应于这个例证的分析方法（即从用于确认的重复往前追溯以前表述中的暗示成分）也为会话分析学者分析其他行为（如欺骗）提供了有效的分析方法。

第 8 节的内容是对回避及未出现重复手段的例证的讨论。谢格罗夫认为，如果一些手段是用于实现某些行为的，在交流中的某些场合交际者会竭力避免发生某些行为，这就可能会涉及避免使用某些表达手段。在谢格罗夫论文提供的第 14 个例子中，可以发现使用重复方法的发话人在他的 TCU 即将结束的时候却放弃重复他人的话语，改为使用自己的话语来进行确认，以避免确认（或者被对方发现）自己在前面话语中传达的某些暗含意义。谢格罗夫（1996：120）认为，作为支持自己提出的结论的证据，某些交际手段的缺失或回避与它的出现一样重要。

在这一节中谢格罗夫还讨论了两个重复手段应该出现（通过与类似例子的对比）而未出现的情形。对这些例子的研究帮助研究者认识到重复性确认的一个特点，即它可以传达出使用者对他人及所谈事物的情感态度，因此对它的使用就是一个十分敏感的事情，这也说明了为何会话参与者有时候避免使用它们（1996：198-199）。

第 9 节是为了满足谢格罗夫提出的第三个要求而安排的，在这节中谢格罗夫解释了为什么重复的方法可以用来表示对他人话语的确认。因为在日常会话中重复的话语可以表示“我现在说的正是我刚才说过的”，例如在两个人的话语发生重叠后，人们可以用重复的方式来再次说出刚才所说的话。但是如果在听话人提出自己对前面话轮的一种可能的理解后，前一个发话人再重复刚才的话，则只能表达对这种理解的拒绝而不是认可。谢格罗夫的论文所关注的是，在听话人提供出一种可能的理解后，当初的发话人使用重复来回应，为何可以表示我赞同你的理解。

第10节讨论了重复用于确认这种方式使用的范围。谢格罗夫提到，论文所举的一些例子好像都来自关系比较亲密的家庭成员、好朋友之间。但实际上这种用法可以出现在正式的或公共的场合，如正式的会议上、法庭上、农场主的交易场所等。

第11节是全文的总结，谢格罗夫特别提到，在进行研究之前，他并没有想到，重复这种方式具有什么样的作用，在英语文化中也没有特别的名字来命名它，甚至以英语为母语的人也未必意识到存在这样的行为或手段。引申开来，谢格罗夫强调，会话分析学者所倡导的研究策略就是不带任何的假定面对自己的研究对象，面对真实的语料，研究者的任务是：

To ask about each new object of examination what it could be possibly doing, and ask, as well, what could constitute an object of examination to which this question could be put, that had not been so considered before.

对于每一个新的研究对象（研究者的任务是）首先是弄明白它可能用来做什么；然后弄明白它如何构成以完成这样的行为——人们以前并没有这样想过。

在论文的结尾谢格罗夫再次重申了这类研究对社会学理论的重要性，他认为，如果缺乏对这些行为的了解，我们就无法对所谓语言、交互活动或者社会性有更深的理解。

13.3　会话分析的方法

对会话分析方法的讨论可以从两个层面来进行，其一是会话分析的基本原则和基本方法；其二涉及会话分析研究的具体步骤或方法。

13.3.1　会话分析的基本原则和方法

会话分析方法的一个突出特点是基本上依赖人类交互活动的录音或录像以及

相关的转写材料来进行研究(详见第12章的讨论)。会话分析学者相信会话是有规律的,并认为会话中的规律是交际者遵守一定的规则造成的,它就保存在会话材料里面。研究者的任务就是发现会话者使用的会话技术。谢格罗夫和萨克斯很早就指明了会话材料的这种特点,即会话的条理性就包含在会话材料本身,它虽然原本不是为研究者所产生的,却可以为研究者所利用。谢格罗夫和萨克斯(1973:290,转引自 Hutchby and Wooffitt,1999:15)指出:

We have proceeded under the assumption (an assumption borne out by our research) that in so far as the materials we worked with exhibited orderliness, they did so not only to us, indeed not in the first place for us, but for the co-participants who had produced them. If the materials ... were orderly, they were so because they had been methodically produced by members of society for one another, and it was a feature of the conversations we treated as data that they were produced so as to allow the display by the co-participants to each other of their orderliness, and to allow the participants to display to one another their analysis, appreciation and use of that orderliness.

我们工作时的假定(这个假定被我们的研究所证实)是这样的,如果我们所利用的材料具有条理性,这并非只是对我们而言是如此,实际上首先不是对我们而言,而是对产生它们的交谈者。如果语料……是有条理的,是因为它们是由同一社会的成员按照一定的方法为对方产生的,这是我们所利用的会话的一个特点,它们产生的方式使得交谈者能够相互展示会话的条理性,使得交谈者能够相互展示他们对这种条理性的分析、评判、利用。

谢格罗夫(1996:172)提出的会话分析研究的三个要求中的第二条跟会话材料的这个特征有关。第二条要求是说,研究者的论证必须建立在会话参与者自身的"现实"之上,具体而言:

This requires some demonstration that the interlocutors in the data being examined have understood the utterance (or other conduct) in question to be possibly doing the proposed action(s) or that they are oriented to that possibility—a demonstration ordinarily grounded in the interlocutors' subsequent talk or conduct.

这需要一些证据显示，所研究的语料中的交际者明白特定的语句或行动是可能用来完成所建议的行为的，或者说他们以那种可能性为参照——这种证明通常要以交际者后续的话语或行动为基础。

谢格罗夫的论文中的第 6 节到第 8 节就是为了满足这个要求而设置的，从中我们还可以发现会话分析研究的一个特点，即除了正面的证据，反面的证据也十分重要。某一个行为被交际者刻意回避或应该出现却未出现时，它们更能向研究者显示会话参与者对它们的理解。与此类似的一个例子来自提问和应答相邻对子。按照会话分析的理论，提问的出现对听话人的应答产生了制约。这一规则固然体现在听话人做出合适回应的场合，也同样体现在听话人没有立即做出回应的场合。如听话人可以解释自己为什么不能回应（不知道问题的答案）；或者体现在发话人在听话人未做出回应的情形下再次发问的行为中。

如何展示会话参与者之间相互的理解？会话分析学者采用的基本方法就是所谓的下一个话轮证明程序（Next-turn Proof Procedure），利用交谈者的下一个话轮来找出他对前一个话轮的理解。会话分析学者认为这种分析方法可以保证他们研究的客观性，因为这种分析程序是会话本身固有的，而不是出于分析者的虚构。

While understandings of other turns' talk are displayed to copartaicipants, they are available as well to professional analysts who are thereby afforded a proof criterion (and a search procedure) for the analysis of what a turn's talk is occupied with. Since it is the parties' understandings of prior turns' talk that is relevant to their construction of next turns, it is *their* understandings that are wanted for analysis. The display of those understandings in the talk subsequent turns affords ... a proof procedure for professional analysts of prior turns—resources intrinsic to the data themselves. (Sacks, Schegloff and Jefferson, 1974: 729)

当对其他人话轮的理解展示给对方时，它们也同时展示给了专业的分析人员，他们因此得到了一个验证标准（和一个研究程序），用来分析交谈者的话轮用来做什么。因为交谈者对前面话轮的理解对他们构造下面的话轮有很大关系，研究者所要分析的正是交谈者**自己**的理解。后续话轮中展示出来的理解为专业的分析者提供了一个分析前面话轮的证明程序——这些手段是会话材料本身固有的。

我们用一个简单的例子来说明下一个话轮证明程序是如何进行的，请看例(2)。周在跟自己的妹妹讲述她们军训的情况，其中提到吃饭之前需要唱歌。在第3行，在周的叙述结束之后，妹妹提了一个问题"你们唱得不响让吃吗"。对于这个问题，周没有立即回答，而是用"啊"来发问。这样的引发补救方式具有开放性，它可以是完全没有听到对方的话语要求对方重复，也可以是听到了对方的话语但是不明白它的意义或用意，甚至还可以表示对对方话语的吃惊或不相信等态度。在这个会话片段中它到底是做什么用的呢？如果继续观察妹妹的回答，她虽然基本是重复了刚才的问题，但是做了许多改动。在话轮的开始部分添加了"如果"，使假设的含义更加明确。同时把"不响"改成了"不好"，使用的词语更加常用。此外还有另两处改动。根据妹妹回应话轮的设计，我们有理由推断，她把周的"啊"问句当作了理解性问题，而不是聆听问题。

(2) [张惟，1998:97]

1 周： …然后那什么食堂门口，集合，
2 然后唱歌，唱完歌进去吃饭
3 妹： 哎，你们唱得不响让吃吗？
4 周：→ 啊？
5 妹： 如果唱得不好的话还让你们吃吗？ =
6 周： = 就那么回事儿，反正(.)大家都
7 哼哼两句就完了，就过去了，唱完
8 然后就去吃饭，吃完饭然后休息…

需要注意的是，会话分析学者提出的下一个话轮证明程序并不意味着会话中语句的意义是由下一个话轮的发出者决定的，或者它的意义是模棱两可、含糊不清的，实际上在绝大多数情况下每个语句的意义都是十分清晰的(特别是对它的发出者而言)。同时还必须强调，虽然语言的使用者对所使用的语句的意义或功能是十分肯定的，但是研究者对它们的解释和分析仍然不是一件容易的事。就以谢格罗夫研究的重复为例，谢格罗夫自己也认为，虽然普通的以英语为母语的人都清楚这

种方式是用来表示对他人的赞同，但是未必清楚它更准确的用处。因此，下一个话轮证明程序只是提供了一个帮助研究者确定发话人对他人话语理解的一种途径或标准(甚至这一步是否能完美实现也遭到一些批评者怀疑)，但其实这只是会话分析学者尝试发现会话交流的规则的起点，而不是终点。对规则的发现还涉及许多具体的研究策略。

13.3.2 会话分析的基本步骤和策略

在《对暗示的证实：以基于观察的行为解释为目标》一文中，谢格罗夫还勾勒了一个进行研究的基本步骤，并介绍了一些常用的分析方法。

谢格罗夫(1996：174)提出的研究步骤是：①最初的观察和问题；②建立相关的资料库；③提出自己的解答；④进一步的阐释。

关于第一个步骤，在进行研究之初进行"无动机的观察"，这成为会话分析学派区别其他研究取向的一种重要特点。用谢格罗夫(1996：178)的话说：

Virtually all of these results emerge from an "unmotivated" examination of naturally occurring interactional materials—that is, an examination not prompted by prespecified analytic goals (not even that be the characterization of an action), but by "noticings" of initially unremarkable features of the talk or of other conduct. The trajectory of such analyses may begin with a noticing of the actin being done and be pursued by specifying what about the talk or other conduct—in its context—serves as the practice for accomplishing that action. Or it may begin (as did the research reported below) with the noticing of some feature of the talk and be pursued by asking what—if anything—such a practice of talking has as its outcome.

事实上所有的结论都来自对于自然发生的交际材料的"无动机"检视，这种检视不是由预先确定的分析目标引发的(甚至在分析目标确为刻画一个行为的特征时也是如此)，而是首先注意到交谈中或其他行动中的一些十分寻常的特征。这种分析的程序是首先找出什么行为得以完成，然后确定在这一语境下交谈者利用什么言谈或行动来实现某一行为。也可以采用另外一种方式(如下面的研究所展示的那样)，首先注意到一些言谈的特征，然后追问这种方式是用来完成何种——如果存在的话——任务的。

“无动机观察”这个概念对一些研究者来说有些费解，它的目的不过是为了强调在进行研究时研究者要尽量避免受到一些未经检验的假设或不成熟的理论的干扰。也许 Psathas (1990，转引自 Have，1999：102)的解释更加明确和可取：

This [unmotivated looking] is, of course, a contradiction or paradox since looking is motivated or that would be no looking being done in the first place. It is a term which is intended to imply that the investigator is "open" to discovering phenomena than search for instance of already identified and described phenomena or for some theoretically preformulated conceptualization of what the phenomena should look like. (Psathas, 24-25, n.3)

无动机的观察当然看起来像一个矛盾或悖论，因为观察一定带有目的，否则就不会有观察行为了。这个词语的意义在于提醒研究者带着开放的心态来发现新事物，而不是为已经确定和描写过的现象寻找新的实例，或者为了创造一些由理论引发的概念，预先认定某些现象一定是什么样的，然后去寻找证据支持它们。

谢格罗夫在论文提到了会话分析研究的两种思路(从行为到手段或者相反)，也提到“哪怕是对一种行为的组成要素和位置的简单描述也是一个不错的开始”(1996：169)。但是对初学者而言，“无动机的观察”做法的不足是很明显的，那就是缺乏可操作性。Have(1999：106-123)为此建议，在进行初步观察阶段可以利用会话分析学者所发现的会话规则来进行，包括：话轮替换、序列结构、补救机制和话轮构成或设计四个相关的角度来帮助进行初步的观察和分析。需要指出的是，会话分析学者提出的“无动机观察”无非是提醒研究者避免根据已知的概念或理论进行简单的匹配，哪怕这些概念来自会话分析学派本身。这是因为会话分析研究者所观察的每一个个例都是独特的，交流中交际者面临的问题都是具体的，都具体化为“为什么在这里是这样”(why that now)(1996：211)，都需要研究者根据交际者展示的理解和话语所处的序列位置等因素做出准确的解释。

谢格罗夫推荐的研究步骤第二步是收集更多个例，建立一个资料库。会话分析的研究是从某一个个例开始的，但并不止步于某个例证。这是因为会话分析分析的目标是发现会话的一般规则，这一点通过分析某一个例证是无法做到的。更多的例证不仅有助于研究者进一步发掘研究对象的特点，而且有助于研究者进一步明确自己的假设（观点）。谢格罗夫在论文中第5节发现了使用重复手段的7个特点，特别是第7个特点（被重复话语的发出者的话语实际上是提供了对他人的处境的一种可能的观察、解释或理解）的发现对谢格罗夫提出自己的解决方案起了十分重要的作用。

谢格罗夫的论文还向我们展示出会话分析研究对反面证据的重视。在进行语料收集、鉴别和分析时，反面的例证的重要性有时会超过正面的例证。谢格罗夫所做的另一项研究也体现了会话分析研究的这种特质。在《会话开端序列》（*Sequencing in Conversational Openings*）这篇论文中，谢格罗夫收集了500例打给灾难预防中心的电话，谢格罗夫关注的焦点是电话开始的序列。初步审查这些例子，谢格罗夫提出一项规则来解释电话开始的规律："电话交谈的第一项规则，也可以叫做'第一话语分布规则'，即接电话者首先讲话。"（1968：1076）但是谢格罗夫发现，在他所收集的500个例子中，499例都符合这个分布规则，但有1例却是例外，见例（3）。

（3）［Schegloff，1968：1079］

＃9 ((Police make call))

((Receiver is lifted，and there is a one second pause.))

Police：Hello.

Other：American Red Cross.

Police：Hello，this is Police Headquarters … er，Officer Stratton［etc.］

在这个例子中是打电话的警察开始讲话，而不是接电话的人，因此谢格罗夫最初提出的分布规则在这里不适用。如何解决这个问题呢？一般的研究者通常会忽略这个特殊的例子，满足于已经提出的规则具有很高（99.8%）的解释力。但是对于会话分析学者而言，他们深信每一个例子都是规则作用的产物，都不应该轻易地扔进垃圾桶。在上述论文中，谢格罗夫采认真分析了偏离的例子，重新修正了原先的规则，提出了一个新的规则。新规则把电话开头的序列当作一种相邻对子。在电话开头发话的人所完成的任务实际上是处于相邻对子的第二部分，第一部分是通过电话铃声实现的，谢格罗夫把这种相邻对子称作"召唤—应答"相邻对子。根据这种分析，那个偏离的例子实际也是符合这种新的规则的。警察打进电话的铃声作为一种召唤，但是没有得到响应，他于是重新进行召唤，这次得到了接听者的响应。谢格罗夫提出的“召唤—应答”相邻对子概念不仅解释了偏离的例子，也同时涵盖了其余 499 个例子。这种新解释不仅具有理论的价值，如帮助形成相邻对子的概念，而且还可以加深人们对电话开头行为的认识。比如，通常人们认为，接电话的人首先使用“hello”这样的词语来响应，是用来问候、打招呼；谢格罗夫的分析表明，这些词语所起的作用实际上是回答电话铃带来的召唤，而不是问候，真正的问候发生在应答者响应之后。

第 3 个步骤是提出自己的假设，可以看出这一步是在第二步的收集多个例证以及逐个分析的基础上做出的。同时它也是一个随着个例的增加和分析的深入逐渐明确的过程。不过有一点是肯定的，这个假设必须是明确具体的，因为只有这样它才能被证实或证伪。谢格罗夫这篇论文的研究对象就具有这个特点，它不是针对所有的重复方式提出的一种解释，它是针对出现在发话人暗示的表达之后，听话人点出了发话人的用意，请第一个发话人证实，这时第一个发话人使用重复的方式来证实听话人的推断。

第 4 个步骤是进一步的阐释。这个过程包括检验所提出的假设是否适用于所有收集到的例证，包括正面的及反面的例证。同时还包括谢格罗夫提出的第三项要求，进一步解释说明行为和手段之间的关系，以及为何这种手段适合用来实现某种行为，也包括该行为或手段的使用范围等方面的说明和描述。

总的来说，会话分析的研究是一种材料驱动的研究，成功的关键在于解释和分析跟语料之间的互动。通过对重复的研究，谢格罗夫（1996：211）相信，采用会话分析倡导的研究方法可以得出新的发现。虽然整体看来会话分析做倡导的方法跟一般社会科学研究（特别是定性研究）的方法并没有太多区别，但理解和掌握这种方法仍需要艰苦的学习。

13.4 其他问题

13.4.1 定量数据及定量分析

会话分析是一种定性分析方法，它对定量数据及定量分析的态度也十分引人注目。Have (1999:144-148)在其著作的第三部分专门讨论了这个问题。据他的观察,不同的研究者对此的态度也不尽相同。以谢格罗夫为例,他对定量数据及定量分析持更加谨慎的态度。谢格罗夫 1993 年专门写了一篇文章探讨定量分析对会话分析的作用。他认为对于交互活动的研究而言,除了少量的例外情形,定量化是很不成熟的做法。2009 年在为 Sidnell 主编的《会话分析:比较的视角》(*Conversation Analysis: Comparative Perspectives*)一书写的结尾中,谢格罗夫特别批评了两篇使用定量分析的论文,更清楚地表明了他对定量分析在会话分析中的地位的态度。谢格罗夫特别说明,他并不反对在会话分析中使用定量的数据。他举了自己对电话开端研究的事例,在他收集的 500 个个例中,有 499 个符合他提出的话语分布规则。在谢格罗夫的《对暗示的证实:以基于观察的行为解释为目标》一文中我们也可以找出使用定量数据的地方。例如在归纳使用重复进行确认的第 6 个特点(重复话语可能包括其他的表示赞同的成分,它们可出现在重复话语之前或之后)时,谢格罗夫(1996:179-180)使用了这样的描述:"在我们所收集的大约 60 个主要例证中,绝大多数不包含其他的赞同成分;而在那些确实包含其他赞同成分的例子中,其他成分出现在重复之后而不是之前。"谢格罗夫的下列论述更清晰地界定了定量数据或分析的作用,即定量数据或分析只是用来帮助保证所研究的对象不是孤立的,而是具有一定的普遍性。真正的会话分析或研究必须建立在对例证的逐个分析的基础上。谢格罗夫想强调的是,研究者应该弄清楚真正的会话分析和定量数据或分析在研究中的不同作用。引用谢格罗夫(2009:389)的原话(黑体为笔者所加),就是:

The quantitative analysis serves to provide reassurance that the candidate phenomenon is/was not an isolated, idiosyncratic usage of some local setting (a particular speaker or category of interactants), but has a prima facie robustness. **Specifying the phenomenon, showing its variants, showing that the participants are oriented to it, etc. — all return to case-by-case analysis**; and when that analysis seems to arrive at another plateau of stable findings, quantitative work may be called upon again to attest to its non-idiosyncraticity.

定量分析的功效在于为研究提供一种保障,证明所研究的对象不是某些语境下(特殊的或某类交际者)孤立的、特殊的现象,而是具有显而易见的典型性。**确定某一现象,显示它的变异,显示交际者对它的适应——这一切均按照一个个案一个个案的方式进行**。当分析似乎得出一个坚实的结论后,可以利用定量分析来验证它的普遍性。

13.4.2 真实的语料

会话分析的研究是建立在对多个例证的分析基础之上的,对所收集的个例一般要求是真实发生的交际活动。但是对所谓的“真实性”(naturalism),会话分析学者并没有给出明确的界定。这个概念的提出主要是为了与传统通过实验或通过访谈获得的材料作为对比。我们来看谢格罗夫的论文《对暗示的证实:以基于观察的行为解释为目标》的第 22 个例证。这个例证来自法庭上的交流,但是通过新闻报道的形式呈现于读者面前。按照严格的标准,虽然新闻报道也是一种真实且值得研究的交流方式,但是其中的会话却是出自新闻记者的重新拟构,并非来自研究者对当时交流的录音或录像记录。不过谢格罗夫对此的看法却有些不同,他认为,新闻记者的描述使得会话中公诉人的理解又多了一层证明力(this understanding is embodied at several levels)。也就是说,如果新闻记者准确记述了当时的交流活动,他对当时活动的理解实际上为研究者确定会话者的理解提供了佐证。这个例证说明,虽然会话分析坚持利用真实交流活动的记录,但是偶尔利用一下间接证据也是允许的。

(4) [Schegloff, 1996: 207]

Excerpt 22 (New York Times, natinal edition, June 23, 1994, p.A12)

1 As a grand jury looking into the murder of Mrs. Simpson and
2 Mr. Goldman continued to hear evidence today, Mr. Simpson's
3 lawyer, Robert L. Shapiro, appeared with the defendant in
4 Municipal Court and demanded that prosecutors speed their release
5 to him of the evidence they are presenting to the grand jurors ...
6 Mr. Shapiro went out of his way to point to the

discrepancies between many details that have been reported by
local and national news organizations and the small number of
details publicly confirmed.
"I've been hearing reports of all this evidence that'a been
found, and the material we have doesn't show any of it," the
lawyer told Judge Patty Jo McKay, referring to documents turned
over to him by the District Attorney's office. He specifically
mentioned a bloody ski mask that, according to some press reports,
was found in Mr. Simpson's home after the killings.
When Ms. Clark, the prosecutor, replied that the papers
given Mr. Shapiro listed all the evidence in the District
Attorney's possession, Judge McKay interrupted and asked
→ directly, "So you are saying there is no ski mask?" The
⇉ prosecutor replied, "There is no ski mask." [end of story]

会话分析学者强调研究应基于真实发生的交流活动，应依赖会话参与者在会话中展示出来的相互理解来进行分析阐释，同时还应利用多个例证进行逐一分析来详细阐释和巩固自己的结论。Psathas(1995:67)在《会话分析：对交互活动中谈话的研究》(*Conversation Analysis: The Study of Talk-in-Interaction*)一书的结尾部分写道：会话分析作为一种研究方法"具有可教性，它可以教授，可以学习，可以展示，并且可以产生重复的结果"。我们十分赞同他的观点。

第三部分

应　用

第 14 章　会话分析与语言研究

会话分析虽然从来源上看并不是一种语言学流派，却与语言研究有密切的关系。会话分析把录制的自然会话当作真正的研究对象，这种取向不仅在社会学研究中别开生面，而且深刻地影响了语言学研究。会话分析几乎与生成语法同时产生，二者有许多相似之处。生成语法希望通过人们的语言使用来发掘人们内在的语言能力；会话分析则希望通过观察人们使用语言进行的各种活动发现人们进行社会交流的规律。另外，会话分析在研究中注重观察、研究交际者如何通过语言及其他手段一步一步地实现自己的目的，完成他们特定的社会活动(即采用自下而上的方法)。因此会话分析无论从研究对象和研究方法来看，都对语言研究产生了深远的影响。

14.1　会话分析与语言学的对话

会话分析以人们的日常交流活动作为研究对象，语言学希望通过研究人们的语言使用来描写和分析语言的结构和工作原理，二者的交融是十分自然的。当然二者的交流是双向的，而不是单向的。在会话分析的发展过程中，开始时会话分析学者在分析交流活动时一般是向语言学者借鉴语言分析的方法，利用语言学的一些成果来帮助分析解释人们的语言交流活动。前文提到，会话活动的基本单位是话轮，话轮由话轮构成单位组成。会话分析学者已经注意到，话轮构成单位的基本组织规律跟语法有很大的关系。萨克斯等人(1974:702-703)指出，在英语中，可以构成话轮的语言单位包括句子、从句、短语和词，并举出了相应的例子。谢格罗夫(2007:3)在其《对话中的序列组织》一书中也说："语法是构造和辨识话轮构造单位的一个关键的组织方式，对英语或者许多其他语言(据我们所知没有例外)，话轮构成单位的基本形态是句子，或通常称为小句，有时是短语，甚至是词语。"中国学者刘虹(2004:48)对此评论说："话轮只能由单句、复句或句群构成。在会话过程中，单独用词或短语构成的话轮已不属于静态语言系统中的单位。它们具有句调，在功能上表达一个完整的意思，所以从形式和功能两方面看，这些词或短语都是句子。”

到了20世纪末期，会话分析的研究成果和研究方法深深地影响了语言学研究。除了会话分析学者不断加深对会话活动特别是其中的语言交流活动的细致研究，语言研究学者也开始更多地借鉴和利用会话分析的方法对口语或会话中的语言使用规律进行研究。

刘运同(2007:110-112)介绍了几项从会话的角度来研究一些语法现象的成功例子。其一是Heritage (1984)对“oh”的研究。传统语法往往把“oh”这样的词语叫作感叹词，认为它们的作用是反映说话人的感情状态或态度，没有指称意义。会话分析学者从会话的角度来研究这类词语，关注它们在会话活动中对交际者表明对对方话语的理解，对它们的作用做出了新的揭示。Heritage(1984:299-345)在一篇论文中专门研究了“oh”在会话中的作用，认为它是交际者用来表明自己知识状态变化的一个词语，在会话中可以用来完成不同的任务。因此它常出现在通过提问要求提供信息的问答序列中。这种序列并非如通常认为的那样依靠提问和应答的对子就算完成了，在信息提供者提供出信息后，提问者常常使用“oh”来反应，表明自己认知状态的改变，同时确认信息提供者提供的信息的适切。

其二是Weber(1993)对英语会话中疑问句的研究。Weber利用会话分析的方法来研究英语会话中疑问形式的功能。她利用会话的材料找出所有用来发问的语句，然后进一步把发问的语句按照形式上的特点分成一般疑问句、陈述疑问句、非小句形式疑问句三类。Weber研究的重点在于从功能的角度来说明各种疑问形式的理据。根据Weber的研究，陈述疑问句主要用来对B事件进行确认；非小句形式疑问句主要用来引发他人完成的会话补救。Weber的研究清楚地表明提问的形态句法形式与提问的功能存在相关性。Weber(1993:221)通过自己的研究强调：“当考察会话语料，语言的时间纬度得到认真对待时，同交际功能联系在一起的形态句法模式就会显示出来。”

这里补充一项有关汉语的研究，Ruey-Jiuan Wu(2000)对汉语中两个常用的语气词“a”和“ou”的研究。通过仔细地分析这两个所谓的语气词出现在会话中不同的序列结构和语境的位置，找出它们在此时此地所完成的交际功能，并结合它们的韵律特征，Wu(2000:221)发现，“两个语气词都可以用来表达发话人与听话人在知识状态以及/或者对待所谈论事物的认知态度的差异”。

可以看出，会话分析虽然并不是一种语言学流派，但是它的研究对象和方法却和功能主义的语言学研究有相通之处。会话分析一方面从一个新的视角对会话或语法提供了令人耳目一新的解释和说明；另一方面为研究者进行口语或语法研究提供了一套分析程序，越来越多的语言研究者借鉴或利用这套分析工具进行语言研究，并取得了不俗的成绩。会话分析与语言研究出现了越来越明显的融合趋势。

14.2　从会话的角度研究语法

对于会话或称交际活动与语法的关系，Schegloff、Ochs 和 Thompson(1996：33-41)指出存在着三种不同的观点。这三种观点实际上反映了研究者对语法的认识，对语法与交际活动的影响的不同看法，同时还反映出三种不同的研究路向及侧重点。

第一种观点保留了传统上对语法的看法，认为语法组织起了交际活动。语法研究不仅要关注语法结构的构成，重要的是找出语法结构在交际活动中的作用。第二种观点是社会交际组成了语法。按照这种观点，语法跟社会交际有着密切的关系，语法受到社会交际诸因素的影响，语法是社会交际的结果。第三种观点认为语法是交际的方式。按照这种观点，语法不仅仅是交际的手段和结果，它同时也是交际的一个重要组成部分。语法在本质上具有交际性。“任何语法结构的意义都是依赖于交际的，是在交际活动中根据交际的现状产生出来的。”(Schegloff, Ochs and Thompson, 1996: 40)这种观点反映了会话分析学派对语法、对交际与语法关系的看法。这种观点与功能主义的一些学派如构式语法、浮现语法的观点十分接近。

因为学术背景的不同，不同的研究者在研究中各有所侧重。对于从会话的角度来研究语法，刘运同(2007:113)曾建议关注如下几个方面：

a. 话轮构成单位、话轮转换等会话基本规律与语言结构的相互作用；

b. 语言结构及其在会话中所完成的行为；

c. 各种会话序列和较大的会话片断如何形成、呈现什么样的结构模式。

谢格罗夫(1996)提出了一个研究语法与交际的十分重要的切入口,那就是话轮组织。他认为:"如果我们发现自然语言的一些基本特征是依据它们在交互活动的语境而形成的,是对该语境适应的产物,或者干脆成为了交互活动不可分离的一个部分,那是一点也不奇怪的。"自然语言使用的一个重要语境就是话轮。研究话轮的组织规律就是要找出交互活动中一些反复出现且呈现规律性的常见因素,它们影响着话轮的形态以及话轮构成单位的组织。这种研究有两个方面:一是研究话轮的组织本身;二是研究特定语言的语法如何影响话轮的构成(谢格罗夫,1996:56)。

对于如何从话轮与语法的接口来进行研究,谢格罗夫(1996:103-104)提出了9个具体的研究课题,它们是:

a. 对于每个话轮构成单位,包括哪些相连的成分?包括哪些开始前成分?又包括哪些完成后成分?这个成分清单应包括所有可以感知到的成分,如呼吸、笑声、沉默、咳嗽、各种形式的uh、you know,等等。

b. 这些成分出现在什么位置?哪些成分出现在特定的位置?

c. 哪些成分在推进话轮的完成?哪些成分阻碍话轮的完成?

d. 那些相连成分的语法关系是什么?哪些不相连成分的语法关系是什么?是否存在其他类型的语法关系?这种关系怎么样随着语境的不同而变化,这里的语境指特定语句出现的序列、交际、社会及存在的环境?

e. 表达方式是否可算作一个成分,如音高或其他的韵律特征、发音特点?如果算的话,它们与其他成分的位置关系是什么?或者它们如何加在其他成分之上?

f. 与其他成分相比,非语言的表达方式,包括其数量和变化,在话轮构成单位中是如何分布的?如发话人的动作、身姿 、目光、面部表情的使用,它们对话轮的构成和组织有何影响?

g. 交谈过程中的其他活动如何被结合到话轮组织中并得到反映?既包括发话人的活动,也包括其他人(特别是被选定的听话人)的活动。

h. 什么样的语法结构提供了或者限制了话轮内部或外部的扩展?这些扩展出现在话轮中的什么位置?

i. 不同的语法组织和结构如何与不同的交互活动特征(如不同言语交流类型中的话轮组织方式)发生作用?不同的交互活动特征是如何促成了不同的语言手

段使用方式?

可以看出,谢格罗夫所谓的语法跟我们平常理解的语法有所区别,它包括的范围更广。在会话分析学者那里,语法其实就是交际者进行会话活动的方式,研究语法就是找出交际者完成会话活动的方法,因此对会话活动中的一切因素都应仔细地研究,而不是预先排除。

这里还涉及以书面语为标准的语法是否适合分析口语或会话语法的问题。拜伯等(2009:1069-1073)认为,对于例(1)这样会话中常见的表达方式(实际上是交际者在一个话轮中完成的话语),可以把它分为三个部分:话头(preface)、话身(body)和话尾(tag)。可以看出,除了话身部分是一个完整的小句以外,话头和话尾都不是小句形式。Biber 等人的研究表明,在口语语料中,61.4%的语句是小句,其余 38.6%都是非小句形式。也就是说,如果真正去分析会话的语料,去分析交际者如何一点一点地去完成他们的话语,我们就会发现,他们使用的语法跟传统的语法所提供的内容有很大区别。从会话的角度去研究语法有助于研究者找出交际者在完成他们日常的交流活动时所使用的语法。

(1) [拜伯等,2009:1072]

preface　North and south London

body　they are two different worlds

tags　aren't they? in a way

会话分析虽然从来源上看并不是语言学学派,但无论从研究对象和研究方法上都对功能主义的语言研究做出了独特的贡献。在会话分析学者看来,从会话的角度来研究语言或语法,不仅是可能的,而且是必须的,因为语法不仅仅是交际的手段和结果,它同时也是交际的一个重要组成部分,语法在本质上具有交际性。

第 15 章　作为填充语的"就是说"

15.1　什么是补救引发

第 10 章提到,补救(特别是自我补救)一般包含三种成分:需要补救的成分,即发话人自己觉得出现了问题的成分;引发补救的成分,即用来标示发生了问题,提示即将进行补救的成分;最后是完成补救的成分。相对于完成补救的成分,研究者对引发补救的成分的研究稍少一些。其实,引发补救的成分对整个补救行为来说也是十分重要的。谢格罗夫(1979: 273)发现,不同的补救引发成分的位置和作用是不同的,比如急顿通常出现在补救对象的后面,导致对位于它前面的成分进行补救,因此它是"后向"的引发成分。而填充词语"uh"和一般的停顿通常出现在需要找寻的、尚未发出的成分之前,因此是"前向"的引发成分。这些信息对于听话人正确理解补救话语发挥着重要的作用。

研究者对英语等语言的研究发现,在会话中存在一些相对固定的补救引发成分。谢格罗夫等(1977:363)把它们称作"引发方式"(initiator techniques)。对汉语会话的研究表明,汉语中同样存在着类似的补救引发成分。张惟(1998:36-54)列举了汉语中引发(自我)补救的三种方式。①词汇单位:不是、就是说(包括就是、就)、哪个谁、怎么說唻、叫什么等。②非词汇单位:急顿、延伸、呃(嗯、哎等)。③没有明显的引发成分,只是利用补救对象与补救成分的并置来表明哪个成分需要补救。

15.2　"就是说"在书面语中的功能

在书面语中,"就是说"用于话语之间,用来标示前后话语之间的关系。常见的一种关系是解释说明关系,"就是说"后面的话语用来解释说明前面的话语,因此前面的话语可能比较概括、比较深奥、比较抽象,后来的话语则比较详细、比较通俗、比较具体。例(1)中，“就是说”前面的话语提到“我们党已经能够把武装斗争这个主要斗争形式同其他许多的必要的斗争形式直接或间接地配合起来”，在“就是说”后面，较详细地说明了其他许多必要的斗争形式所包含的内容。例(2)前面的话语出现了中国人口头常用的词语“相反相成”，“就是说”后面的小句则解释了这个词语所包含的哲学上的意义。例(3)中提到文艺工作者要学习社会，然后用“这就是说”来说明学习社会具体要做些什么。

(1) 我们党已经能够把武装斗争这个主要斗争形式同其他许多的必要的斗争形式直接或间接地配合起来，就是说，把武装斗争同工人的斗争，同农民的斗争(这是主要的)，同青年的、妇女的、一切人民的斗争，同政权的斗争，同经济战线上的斗争，锄奸战线上的斗争，思想战线上的斗争，等等斗争形式，在全国范围内或者直接地或者间接地配合起来。(毛泽东，《共产党人》发刊词)

(2) 我们中国人常说：“相反相成。”就是说相反的东西有同一性。(毛泽东，《矛盾论》)

(3) 文艺工作者要学习社会，这就是说，要研究社会上的各个阶级，研究它们的相互关系和各自状况，研究它们的面貌和它们的心理。(毛泽东，《在延安文艺座谈会上的讲话》)

但是说“就是说”用来标示解释说明的关系并不全面，实际上“就是说”前后的话语之间还存在着多种关系。其一，与前面提到的解释说明相反，“就是说”还可以标示抽象概括的关系，即“就是说”前面的话语比较详细、通俗、具体，而后面的话语则比较概括、比较深奥、比较抽象。请看例(4)、例(5)、例(6)。

(4) 中美两国人民间的某些联系是存在的。经过两国人民的努力，这种联系，将来可能发展到“极亲密的友谊的”那种程度。但是，因为中美两国反动派的阻隔，这种联系，过去和现在都受到了极大的阻碍。并且因为两国反动派向两国人民撒了许多谎，折了许多烂污，就是说做了许多的坏宣传和坏事，使得两国人民的联系极不密切。(毛泽东，《为什么要讨论白皮书？》)

(5) 生后的第二年,儿童才能够去寻找他没有亲眼看见藏起来的东西,也就是说儿童发展了用心理表征表现事件的能力。(北大语料,402)

(6) 游击主义有两方面。一方面是非正规性,就是不集中、不统一、纪律不严、工作方法简单化等。这些东西是红军幼年时代本身带来的,有些在当时还正是需要的。然而到了红军的高级阶段,必须逐渐地自觉地去掉它们,使红军更集中些,更统一些,更有纪律些,工作更周密些,就是说使之更带正规性。在作战指挥上,也应逐渐地自觉地减少那些在高级阶段所不必要的游击性。在这一方面拒绝前进,固执地停顿于旧阶段,是不许可的,是有害的,是不利于大规模作战的。(毛泽东,《中国革命战争的战略问题》)

其二,"就是说"可以用来解释某种行为或者事件的意义。如例(7)先提出一个设问,然后用"这就是说"来回答杀抗日的人就是准备投降,这是用来解释这件事所包含的意义,而不是用来解释说明这个短语本身的意义。例(8)也是同样,提出庆祝斯大林应该做的事情。

(7) 杀抗日的人,这是什么意思? 这就是说:中国的反动派执行了日本帝国主义和汪精卫的命令,准备投降,所以先杀抗日军人,先杀共产党员,先杀爱国志士。这样的事如果不加制止,中国就会在这些反动派手里灭亡。所以这件事是全国的事,是很大的事,我们必须要求国民政府严办那些反动派。(毛泽东,《必须制裁反动派》)

(8) 庆祝斯大林,这不是一件应景的事情。庆祝斯大林,这就是说,拥护他,拥护他的事业,拥护社会主义的胜利,拥护他给人类指示的方向,拥护自己的亲切的朋友。因为现在全世界上大多数的人类都是受难者,只有斯大林指示的方向,只有斯大林的援助,才能解脱人类的灾难。(毛泽东,《斯大林是中国人民的朋友》)

其三,"就是说"可以用来标示推断或者结论。例(9)中第一个小句说明报纸寄出的时间,根据当时看到或收到报纸的时间,人们可以推断出报纸在路上走了很长的时间,"就是说"的使用更清楚地表明后面的话语是根据前面的话语推断出来的,而不是用来解释前面话语的意义的。例(10)、例(11)则更复杂一些。例(10)用"这样看来"开始,表明根据一些事实推断出新的论断,即五四时期的一些有意义的做法被一些人推向了反面，产生了所谓的新八股、洋八股，作者进一步说明这种新八股、洋八股的特征。最后作者用"就是说"来总结这种新八股的特点，它们是五四运动本来性质的反动。这个总结是在前面的论断和说明的基础上做出的，是用来总结前面整个论述的，而不是针对某一句单独的话语。例(11)中，论者提出虽然中国欢迎外国政府废除对中国的不平等条约，但是中国获得真正的独立和平等却需要中国自己建立一个新的民主国家。之后论者认为国民党政府执行的现行政策无法使中国获得独立和平等。出现在这两组语句之间的"就是说"表明了后者是根据前者的逻辑推断出来的一个结论，是把那种逻辑运用到具体问题(国民党的政府)时得到的一个令人信服的论断。

(9) 北京寄出的时间是1994年10月31日，也就是说这捆报纸在路上"走"了140天。(北大语料，1444)

(10) 这样看来，"五四"时期的生动活泼的、前进的、革命的、反对封建主义的老八股、老教条的运动，后来被一些人发展到了它的反对方面，产生了新八股、新教条。它们不是生动活泼的东西，而是死硬的东西了；不是前进的东西，而是后退的东西了；不是革命的东西，而是阻碍革命的东西了。这就是说，洋八股或党八股，是五四运动本来性质的反动。(毛泽东，《反对党八股》)

(11) 中国人民欢迎许多外国政府宣布废除对于中国的不平等条约，并和中国订立平等新约的措施。但是，我们认为平等条约的订立，并不就表示中国在实际上已经取得真正的平等地位。这种实际上的真正的平等地位，决不能单靠外国政府的给予，主要地应靠中国人民自己努力争取，而努力之道就是把中国在政治上经济上文化上建设成为一个新民主主义的国家，否则便只会有形式上的独立、平等，在实际上是不会有的。就是说，依据国民党政府的现行政策，决不会使中国获得真正的独立和平等。(毛泽东，《论联合政府》)

上面只是我们针对"就是说"前后的话语之间的语义关系所做的一些粗浅分析，实际上"就是说"前后的语义关系可能远远超出了我们所概括的几种类型。并且，对于语句之间语义关系研究者往往会出现不一致的判断。例(12)中，"没有子宫”和“不用烦每个月的例假、担心怀孕”“已经不再是一个纯粹的女人”之间存在着一种语义上的关系，但是对于这到底是一种什么样的关系，不同的研究者可能会得出不同的结论。易丽丽（2006：21）认为，二者之间“在语义上存在清楚的因果关系”，即使“也就是说”在话语中不出现，二者的关系也是明确无误的。但是按照我们的分析，尽管二者单纯从逻辑的角度也许存在着因果的关系，但从发话人表达意图的角度来看，我们宁愿把二者之间看作是解释说明的关系，“也就是说”后面的话语解释了“没有子宫”所包含的意义，发话人用它来更清楚明确地说明没有子宫对于一个女人意味着什么。

（12）现在我没有子宫了。也就是说，我在也不用烦每个月的例假、担心怀孕，我已经不是一个纯粹的女人了。（安顿，《绝对隐私》）

另外，仅仅分析“就是说”前后话语语义上的关系是不够的，为了说明“就是说”在语篇中的作用，必须说清楚在使用了一些语句来表达一定的意义之后，为什么还要用另外的语句来解释说明、概括、推论、总结，即为什么还需要“就是说”后面的话语。对这个问题我们无法进行深入的研究，但是通过所分析的例子，可以发现它们出现的目的也是多种多样的，如给予听话人更清晰的理解（解释关系），如例（1）；语篇类型的要求（使用更加抽象的专业术语来概括），如例（5）；强调整个语段的重点，如例（11）；还有语篇段中更高话题的要求等。“就是说”前后之间的语句固然存在一定的语义关系，但是人们使用“就是说”这个短语并不是为了把固有的关系“更为显性化”（李佐文，2000：12），而是为了向听话人指明发话人希望听话人如此理解的一种语义关联，即“就是说”前后的语句在语义上存在着一种宽泛等同的关系，但是比较而言“就是说”后面的话语才是发话人表达的重点。为了各种各样的语用目的，发话人使用“就是说”及后续的语句对已经表达的语义进行解释、概括、阐释、推论、总结等，形成一个以“就是说”为核心的微型语篇，帮助听话人理解发话人所欲准确转达的意义。这可以说明，“就是说”前面的话语可能是一个单独的语句，也可能是一个复杂的语段。“就是说”并不只是用来标示两个语句之间的关系。“就是说”前后话语之间的语义关系虽然多样，但是它们之间也存在一个共同点，那就是后者比前者更加明晰、更重要。这一点将是我们讨论“就是说”在口语中的作用的一个基础。

15.3 “就是说”在口语中的功能

“就是说”口语中的使用非常普遍，与书面语相比其用法既有相同点也有不同点。我们所分析的口语语料来自 2001 年 6 月 3 日播出的一期电视访谈节目《实话实说》，题目叫《妇女回家》。

在口语中我们可以找出与书面语相同的用法，即“就是说”用来表示解释和说明，或者用来进行概括和总结。例(13)中，窦洁蓓在回答自己为什么会选择回家时使用了“当时”一词，然后用“在 1994 年初时候我怀上小孩以后”这个更加明晰的说法来解释当时是怎样一个情况，这两个时间表达之间用“就是说”来标示。显然后者比前者更能说明发话人不工作的原因。例(14)中发话人提到，“马克思主义有这么一个理论”，后面用“就是说”引出这个理论的具体内容。例(15)中发话人提到她曾经向自己的朋友做过调查，其中 45 个人都认为有了孩子以后应该回家，但这并不意味着女性应该一辈子待在家里。在陈述完 45 个人的观点之后，发话人又重申了这个观点，在最初的陈述和重申之间使用了“就是说”进行连接。注意最初的陈述和重申在表达上只有很小的区别。例(16)中有三处“就是说”，第一处出现在“有个清醒的看法”之后，“就说”后面的话语用来解释看法的内容。但这个小句开始以后进行的补救(用“就是说”来表明补救的开始，详见下文的分析)。在嘉宾的话轮结束之后，主持人做出回应，用“就是说”表明自己对嘉宾话语的理解。这一用法在对话中很常见。

(13) [实话实说，20010603-1]

主持人：嗯为什么做这样一个选择呢?

窦洁蓓：因为当时呢就是说嗯：：在 94 年初时候我怀上小孩以后啊，

主持人：嗯。

窦洁蓓：我：：我丈夫的工作也(是)属于比较嗯比较重的比较重要的岗位上啊，当时我就想，如果说两个人都在外边工作的话呢啊，就没有这个家里照顾的话呢就会出现问题的。

主持人：嗯。

(14)[实话实说,20010603-2]

荣维毅:哎对,但是她[(XX)

主持人:　　　　　　[她的丈夫可能速度也要放下来。

荣维毅:对。大家可能知道,就是马克思主义有这么一个基本理论,就是说社会生产是有两种生产,一种是物质财富的生产,一个是人口的生产。那说是既然我们讲历史唯物主义,讲生产力是决定社会发展的,那么这两种生产呢都是社会所必要的。

(15)[实话实说,20010603-3]

窦洁蓓:45 位都是(XXXX),肯定啦,一有小孩以后肯定就是应该回家,但是呢不能永远回家。就是说为了孩子可以回家,但不能永远回家。

主持人:这就叫分阶段就业。

(16)[实话实说,20010603-4]

荣维毅:= 权利哎别人都无可厚非。你不能说哎你怎么那么没觉悟啊,你回家你就会失落了很多,你你你你你你是不对呀;或者说,你干嘛不回家?你有没有母性啊?或者是你不当贤妻良母了?别人这么指责我觉得都不对啊。所以呢她们自己的选择我们要尊重。从国家来讲,从社会舆论上来讲,那么呢对这个问题应该还有个清醒的看法,就说不应该就是说因为女人生孩子然后女人要带孩子,所以你生了孩子就得回家。

主持人:就是说政策上不应该提倡。

但是"就是说"在口语中的某些用法在书面书中是不存在的。其中之一就是标示会话补救的开始。"就是说"主要用来标示发话人引发的自我补救。例(17)用"就说"开始来解释所谓"清醒的看法"是什么,在说出"不应该"之后发现无法继续完成一个合法的句子,停顿之后仍旧用"就是说"开始,改变成一个复句来表达自己的意义。"就是说"在这里起到了标示补救开始的功用。这是一个发生在小句开端的补救。更多的补救发生在小句的中间。例(18)中如果发话人在"就突"之后继续下去恐怕也不会有什么问题,但不知何故发话人突然停下来进行补救,改成"中风了",前面用"就是说"来表明这一改变。例(19)中的补救也只是重复了前面已经发出的词语“很正常”。例(20)发话人在说出“也要提倡一个”之后进行补救，改为“也要承认”这个更加准确的表达方式。注意在这些例子中还有其他补救的例子，由于跟我们当前的分析无关，我们就不进行细致的分析了。

(17) [实话实说，20010603-5]

从国家来讲，从社会舆论上来讲，那么呢对这个问题应该还有个清醒的看法，就说不应该#就是说因为女人生孩子然后女人要带孩子，所以你生了孩子就得回家。

(18) [实话实说，20010603-6]

就是平常我一工作以后就有爷爷奶奶稍微帮助照顾一下的啊。后来呢爷爷就突#就是说中风了，脑溢血中风以后呢啊，呃就是就在同一个星期之内，保保姆就是我们阿姨保姆的爱人在农村就也病了。

(19) [实话实说，20010603-7]

对呀，很很明显的感觉，因为丈夫如果有时候在外面工作压力大了呀，回来了哈，就是说讲一些什么。那么我是处在家里的状况，(也是说)处于安静状况嘛，那么他给你讲的时候呢我会来用很正常#就是说很正常的眼光来给他分析给他说，分析之后呢他也觉得啊嗯(XXXX)没有什么。

(20) [实话实说，20010603-8]

所以说你们可以你你出去就业可以，但是你要看出去就业的话你要看一看企业家选不选你。我们在讲我们在市场经济当中讲到就业权利的时候，也要提倡一个#就是说也要承认企业家的用人权。

其二就是用作填充词语，用来争取更多的思考、寻找和选择时间。其实在“就是说”标示会话补救开端的同时，也发挥着填充词语的功效，给予发话人更多的时间进行各式各样的补救。只不过“就是说”这个填充词语仍然保留了一定的词汇意义，可以向人们提示这种补救的一种特性，即对前面的话语进行解释、说明、概括、重申等。但有时候在会话中“就是说”完全失去了本身的词汇意义，变成了一个单纯的填充词语。我们来看节目中一位嘉宾的谈话，他的话语中包含了太多的“就是说”。我们选取两处来分析。在←1之前他阐述了自己对劳动权利的看法，并举失业者为例说明自己的观点。在主持人插话之后他一方面回应主持人的话语，一方面总结自己的谈话。我们看到在他说出的三个小句中均使用“就是说”来开头，第一个“就是说”及后续话语固然可以看作对失业者观点的重申或总结，第二个、第三个“就是说”及后续话语也可以看作是发话人用来总结自己总的观点，但是全部使用“就是说”来标示，很难起到帮助听话人理解自己话语之间关联的作用。在←2，主持人直接问嘉宾对于分阶段就业的看法，嘉宾用“分阶段就业呢”开头来回答，然后说出“就是说”，表面上符合“就是说”用于解释时的表达格式，但后续的话语并没有解释这个短语的意义，而是说明自己对这种现象的看法。因此这个“就是说”完全成了一个填充词语。其后的另一个“就是说”也是如此。填充词语较多出现在小句的开头，因为这是人们花费更多认知努力的地方；不过有时候也会出现在小句的中间，如例(22)的“还有”之后。

(21)［实话实说，20010603-9］

潘锦棠：(XX)随便想到的，

主持人：嗯。

潘锦棠：(XXXX)劳动权利，劳动保护法规定的，有劳动权利。那么这个里边的劳动权利的界定我是这样理解的，就说这个劳动权利是说你有权利去竞争一个岗位，

主持人：嗯。

潘锦棠：不是说你占有一个劳动岗位的权利。

主持人：嗯。

潘锦棠：如果你这么去界定占有一个工作岗位权利的话，那那社会上好多失业者全世界都有失业者，那失业者不都违反《劳动法》了吗就是？

主持人：那失业者全成男的了。

潘锦棠：啊就是说失业者他没有权利权利了，就是说它应该就是有一种有一种有一种有一种竞争的意思，就是说它是一个双向选择的问题。←1

主持人：您说单让女性分阶段就业这是不是歧视呢？

潘锦棠：分阶段就业呢，就是说从全世界来看没有一个国家规定女性分阶段就业的。它是一种比较自然的情况，就是说女性她这个这个要生孩子，要怀孕

生孩子，　←2

主持人:(也就是刚才谈的)两种生产。

潘锦棠:那你生孩子不能说一边还继续就业，这个不行，(最终)她还要回去。她(就是)照顾不要全日照顾的时候呢女性又开始回归社会，它是这样一种情况。然后呢从这个趋势上来看好像有一个阶段就业啊，但是没有一个国家规定，

主持人:嗯。

潘锦棠:你必须要回去。

(其他嘉宾):哈哈哈。

潘锦棠:如果说是一刀切全部回家那肯定是不对的。(为什么？不对就是说)现在你(就)(不是现在这个)你想让妇女回去也回不去了。回去以后有什么结果呢？一个就是我们整个人民生活水平全部下降，全部下降，就是说现在女性已经是生产领域当中不可缺少的力量，

主持人:嗯。

潘锦棠:(它就是这个结果)，它就是这个结果。

(22) [实话实说，20010603-10]

观众 7:哎我就觉得这个呃应该说有很多人都有这么一个多少有点那个大男子主义的这个想法，就说就是男女回家呢其实根据一个自我的这个情况和这个我的兴趣哈，然后还有就是说各家的这个情况。还有刚才那位老师提到就说家务，那位先生也提到家务劳动在家也是很繁重的。

15.4　填充词语并非赘言

“就是说”在口语中除了具有解释说明的功能之外，还具有两个口语特有的功能，那就是用来标示会话补救的开端以及充当填充词语。对于“就是说”的这种功能及其评价，研究者的态度存在差异。例如徐志红(2003:36)研究了电视访谈节目中“就是”和“就是说”的使用，认为一些“就是”或者“就是说”是一种“赘言”；并明确指出，“赘言不是语言成分，不属于修辞手法，不能增加语言的美感和表现力，相反

会造成交流中的困难甚至误解”。仔细观察徐志红《话说“就是”和“就是说”》一文中的例子(有关“就是说”的),我们发现它们大都是口语表达,不仅包括主持人、解说员的话语,还包括被采访对象的话语。在这些话语中,“就是说”的功能是充当填充词语。但是我们不能说填充词语就是“赘语”,口语中出现填充词语是一种正常的现象,它们在口语表达中还是起到一定的作用的。我们在进行口语研究时切不可用书面语的标准来要求口语的使用(参见第 2 章的论述)。

(23) [徐志红,200301]

a,在 2001 年最快乐的事就是说我出了新专辑。我非常地感激就是这些年来对我关心支持的广大观众。(2)

b,在这个行当里,我觉得就是说大家都变得比较浮躁。(4)

c,我感觉就是说今天歌手的水平相当高。(5)

d,《东方红》我们演了一年多,受到了就是说观众的热烈欢迎,演员也感到常演常新。(6)

e,我们好长时间也就是说见不到就是说文艺演出,这一次《燕山情》演出……(7)

f,刚才好多同志就是说谈到了反盗版的建议。(10)

g,今天就是说上海体育馆里坐满了观众。(11)

h,不知道你注意到没有,就是说每一项科学技术都会和生活有许多联系。(13)

i,我有一个问题,就是说问王涛,你和瓦尔德内尔交手这么多年……(15)

“就是说”前后的语句在语义上存在着一种宽泛等同的关系,发话人使用“就是说”及后续的语句对已经表达的语义进行解释、概括、阐释、推论、总结等,形成一个以“就是说”为核心的微型语篇,帮助听话人理解发话人所欲准确转达的意义。但在口语中除了使用“就是说”标示解释、说明、概括、重申、总结等关系以外,主要用来表示会话补救的开端,或者仅仅充当填充词语。通过这项研究我们还想说明,口语研究和书面语研究应有所区别,口语的现象一定要放在口语的框架内进行分析与描述。

第 16 章　称呼语的功能

16.1　称呼语的概念

称呼语是“人们彼此间当面招呼所使用的名称”(曹炜，2005：63)，在人们的言语交际中起着重要的作用。因此对称呼语(包括称谓语)的研究在社会语言学与语用学研究中一直是一个热点问题。郑献芹认为：“90 年代以来，对汉语称谓词语的研究进入蓬勃发展的时期。特别是 1994 年以来，称谓词语的研究取得了开创性的成就。”(郑献芹，2006：181)另一位研究者(刘永厚，2010)在一篇综述文章中梳理了称呼语的基本研究路向，把对称呼语的研究分为三种大的类型：①称呼语的社会语言学研究，从共时或历时层面研究称呼语的使用规则及动态变异。②称呼语的语用学研究，应用语用学的理论来研究称呼行为。③汉英称呼语对比研究。

按照传统的句法分析方法，称呼语是一种独立语。它们“在句子中的位置比较灵活，可以在句子中间，也可以在句首或句末”(黄伯荣、廖序东，1991：100)。例如：

(1)［黄伯荣、廖序东，1991：101］

⑩ 大师傅，白天的事你千万不要见怪。

⑪ 他们跳了一辈子红绸舞，留下什么啦，老师！

称呼语在句子中的位置虽然比较灵活，但是不是也存在着一定的规律呢？当我们查找相关的论文时，发现竟然很少有研究者涉及或关注此类问题，唯一的例外是来鲁宁、郭萌的论文《称呼语及其语用功能》。他们在论文中指出，称呼语在会话结构中的分析中也起着重要的作用。具体而言，称呼语可以用来表示号召、回应、问候、告别、请求、回答的功能；可以用来进行话题转换或维护原话题；可以用来争夺话轮；可以用来反馈信息(来鲁宁、郭萌，2003：18-19)。

本章利用会话分析中的话轮构成及话轮替换规则对称呼语在语句中的位置进行初步的研究，以期弥补对此问题研究的不足。所利用的语料来自电视访谈节目

《女人是老虎》(上下)。该节目是一档心理访谈节目,目的在于对出现心理困扰的求助者进行帮助。在《女人是老虎》这两期节目中,节目主持人和心理专家接待了一个家庭的三口人,丈夫、妻子和女儿,丈夫和妻子在女儿应该不应该按时上学的问题上出现了冲突。因为访谈的展开有多人参加,必然涉及称呼语的使用。我们将其中出现称呼语的话轮或序列进行了转写,找出称呼语出现的位置,从中寻找它们的使用规律。

16.2 称呼语的位置及功能

人们的会话活动是一个话轮一个话轮展开的。在实际的交流活动中,人们的话轮可以由一个话轮构成单位组成,也可以由多个话轮构成单位组成。因此,观察称呼语的位置,不仅是指它在一个话轮构成单位中的位置,还指它在整个话轮中的位置。

通过对语料的转写可以发现,当称呼语出现在整个话轮的初始位置时,它的功能是为了明确建立与(新的)对话人的对话渠道,以便进行后续的交流。这是因为,为了保持交流的进行,交际者必须首先吸引对话人的注意,保证对话渠道的畅通。因此,称呼语在此位置出现可以认为是为了争取话轮,而不是为了让渡话轮。在例(2)中,鹿先生与妻子张女士还在争论,这次张女士提出,孩子虽然没有去学校上学,但是在家里已经教给孩子很多东西。鹿先生不认同妻子的做法。在两人争辩的过程中,心理专家想通过实际验证他们的女儿的计算能力来解决两人的纷争。注意,在张女士的话语刚结束的时候,心理专家开始说话,"我问一下小凤凰",但是他的话还没有完成,就被继续争论的鹿先生打断。心理专家只好重复被打断的话语"小凤凰",这次又被回答丈夫问话的妻子打断。心理专家只好再次重复发问,"小凤凰,我问一下"。他的话语再次被丈夫的话打断。又经过主持人的插话,在张女士的话似乎结束时(因为后面张女士又附加上一个短语"那啥去"),才终于完成了自己的话语("我问一下小凤凰,6 除以 3 等于几")。在这个片段中,正在交流的对话人是丈夫和妻子,并且两人处于激烈争论的状态中,心理专家想要获得话轮权,开始与现场的另一个人凤凰交流,必须首先要吸引凤凰的注意,打开双方的交流渠道。所以他使用了"我问一下小凤凰"这样的语句,作为提问的开端语,其中包含了他欲建立对话关系的听话人的名字。中间三次被正在争吵的丈夫和妻子打断，经过多次重复这个开端语，才完成自己的提问。可以看出，在与对话人交流之前，建立交流的渠道是十分重要的。特别是在与谈话现场的其他人（而不是当前对话人）开始交谈时，确立新的对话人就显得尤为重要。例(3)与例(2)略有不同，当前的交谈是在主持人阿果和凤凰之间进行的，心理专家在凤凰回答问题完成之后主动插话，对凤凰进行安慰。二者的相同点是非当前交谈者加入交谈，开启一个新的交谈组对和序列。

(2)［心理访谈《女人是老虎》上］

鹿先生：……你说你在家教，你教啥了？

张女士：教认字啊，教写字啊。你不教我没教吗？＝

心理专家：＝我问一下小［　　　　　　←

鹿先生：　　　　　　［教了吗？

心理专家：小凤凰［

张女士：　　　　［＝咋没教啊？

心理专家：小凤凰，我问一下［

鹿先生：　　　　　　　　　［你教的跟那个人家学习的一样吗？

　　跟人家跟人老师教的一样吗？

阿果：你俩吵吵(什么问题)？

张女士：那我也不让她上学校去［

心理专家：　　　　　　　　　［6 除以 3 等于几？＝

张女士：＝那啥去。

阿果：除法她可能不会。

张女士：那不会。

(3)［心理访谈《女人是老虎》上］

阿果：他们吵架你心理什么感觉呀？

凤凰：嗯——

张女士：＝她担心我们离婚，说你们不会离婚吧？

阿果：你什么感觉，说说。

凤凰:(这不是)我怕他们俩离婚了。

阿果:(怕离婚了。)

心理专家:这个凤凰,我向你保证一件事。现在只是第一个桥头堡的争夺, ←

(阿果):对。

心理专家:战争还没开始呢。所以你不用担心,你不用担心,离你说的那两字还远着呢。

同时我们发现,当称呼语出现在整个话轮的初始位置时,发话人的话轮往往由多个话轮构成单位构成,形成一个多单位话轮。参看例(2)、例(3)中心理专家的话轮。特别是例(3)中心理专家的话轮,除了开端的称呼语以及中间的重复话语,包含了5个话轮构成单位(中间曾得到主持人的反馈"对")。拜伯等在《朗文英语口语和笔语语法》中曾指出:"称呼语出现在后面位置比出现在初始位置常见;并且称呼语的位置跟与它们相连的话语单位长度有很大关系,出现在初始位置的称呼语往往跟较长的话语单位连用,出现在后面位置的称呼语往往跟较短的话语单位连用。"(2009:1112)但是,拜伯等的研究在规定所谓的话语长短时是按照话语中所包含的词语数目来定的,并且在决定所谓初始和后面的位置时并不区分话轮和话轮构成单位,有时又受到书面转写规则的影响。

出现在初始位置的称呼语往往紧跟一个多话轮构成单位组成的话轮,由一个新发话人的发出;并且往往用来引出新的话题,或转移话题。一个话题的提出或者转移往往需要多个话轮构成单位才能完成,而不是仅仅靠一个话轮构成单位。例(4)出现在主持人的问话之前,她分别询问了张女士和鹿先生来到《心理访谈》节目的目的,中间还加上心理专家的插话。然后阿果转向了新的话题,询问鹿先生对他们夫妻之间发生如此激烈的争吵有什么感受。例(5)出现在例(4)之后,鹿先生说自己虽然说不过妻子,但是会坚持自己的主张,继续做好孩子的上学准备;这个说法遭到妻子的反击。在他们的争论结束的时候,主持人阿果做出了自己的评论,而心理专家用一个十分复杂的话轮开始了新的话题,即过去鹿先生与其妻张女士的关系。注意,此时他使用称呼语"主持人"来确立自己的交谈对象,然后完成自己复杂的话轮,参看例(6)。在他的话轮逐步展开的时候,主持人阿果不时给予回应。

(4) [心理访谈《女人是老虎》上]

阿果:(用手指向鹿先生)那您呢,您来的目的是什么?

鹿先生:我的目的吧要—希望通过咱们那个(说)有知识有文化的人,或者这个还有咱们这个心理呃专家或者是那个学者吧,咱们这个这个—用您的这个方式,把她这个给我说说服了。

阿果:哈哈哈哈。(XXXXXX)

心理专家:鹿大哥这个意思呢,是我要为了闺女我揭竿而起了。

阿果:啊。

心理专家:我这次我就跟你(继续)对抗到底了。

阿果:对,对。

阿果:我想问一下鹿先生哈,当妻子为了这事跟你争论这么喋喋不休,呱呱呱呱呱呱呱呱呱呱,在你面前这么说的时候,你心理是什么感觉呀? ←

鹿先生:我心里啊就说都烦死了你知道吗?

(5) [心理访谈《女人是老虎》上]

张女士:你有那个头脑吗?

鹿先生:我没头脑我就是就是但是我认准这个方向,我是不会改变的。

阿果:有意思啊雷老师。 ←

心理专家:主持人, ←

阿果:嗯。

心理专家:就是关于咱们这个大姐和这姐夫的事吧,

阿果:嗯

心理专家:咱们那期《心理访谈》节目我看过。

阿果:嗯。

心理专家:在那期节目里啊,当时是李老师,

阿果:对,

心理专家:呃。我发现咱们这个大姐啊,对咱们这个鹿大哥啊,应该说是管教得比较厉害,

(阿果):对。

心理专家：约束得比较厉害。没错吧大姐？

张女士：哪有那事啊？

(6) ［心理访谈《女人是老虎》上］

心理专家：主持人，就是关于咱们这个大姐和这姐夫的事吧，咱们那期《心理访谈》节目我看过。在那期节目里啊——当时是李老师，呃——我发现咱们这个大姐啊，对咱们这个鹿大哥啊，应该说是管教得比较厉害，约束得比较厉害。没错吧大姐？

与出现在由多个话轮构成单位组成的话轮初始位置的称呼语不同，出现在由多个话轮构成单位组成的话轮之后的称呼语则用来把话轮让渡给他人。这时候与称呼语连用的话轮构成单位作为整个话轮的最后一个话轮，称呼语可以出现在该话轮构成单位的初始位置，也可以出现在该话轮的最后位置。在例(7)中我们发现，心理专家获得话轮之后，用一个复杂的话轮来叙述他对鹿先生与张女士过去关系的看法，注意他此时的对话人是主持人阿果，阿果也一直用简短的反馈项目。但是到他的话轮快要结束的时候，却使用“没错吧大姐”来请求张女士对他的陈述进行确认，用指定下一个发话人的方法把话轮权交给了张女士。张女士接过话轮，对他的贬抑性陈述进行了否定。在心理专家让渡话轮的话轮中“没错吧大姐”，称呼语“大姐”位于简短的是非问句“是吧”之后，而不是之前。例(8)出现在下期中节目快要结束的位置，主持人在话轮的开始的时候是指向张女士的(所以啊欸大姐)，但是在她的话轮的结束位置却使用了一个话轮构成单位，把话轮权让渡给了心理专家(雷老师是这个意思吧)。注意例(8)让渡话轮的方法与例(7)很相似，但是这次称呼语“雷老师”却出现在最后一个话轮构成单位的初始位置。

因此，当我们讨论称呼语的位置时，区分话轮构成单位和话轮是十分重要的。仅就我们上面的讨论可以看出，出现在整个话轮(复杂话轮)初始位置的称呼语主要的功能在于引起对话人的注意，保证对话渠道的畅通。而当包含着称呼语的话轮构成单位出现在整个话轮结束位置时，往往用来指定下一个发话人，用来让渡话轮，此时因为称呼语只是跟一个简短的话轮构成单位连用，出现的位置似乎并不影响它的让渡功能。

(7)［心理访谈《女人是老虎》上］

心理专家：主持人，

阿果：嗯。

心理专家：就是关于咱们这个大姐和这姐夫的事吧，

阿果：嗯

心理专家：咱们那期《心理访谈》节目我看过。

阿果：嗯。

心理专家：在那期节目里啊，当时是李老师，

阿果：对，

心理专家：呃。我发现咱们这个大姐啊，对咱们这个鹿大哥啊，应该说是管教得比较厉害，

(阿果)：对。

心理专家：约束得比较厉害。没错吧大姐？　　　　←

张女士：哪有那事啊？

(8)［心理访谈《女人是老虎》下］

阿果：所以啊欸大姐，就回到我们一开始话题哈，就说你们现在是为孩子上不上学发生争执，其实我们发现，问题不在这个事情本身，对不对？到底是听谁的或怎么着，而是在你们在解决这个问题的这个方式、态度、情绪，这个上面出了一点问题，所以互相抵制得很厉害。雷老师是这个意思吧？

上文的分析表明，称呼语的功能与它在复杂话轮的位置有关。如果称呼语跟由单一话轮构成单位组成的话轮连用，又会是什么情形呢？例(9)和例(10)都是出现在访谈节目的开头。例(9)中主持人阿果在询问完张女士对孩子上学的态度之后，转向鹿先生。主持人的话轮只包含了一个话轮构成单位，即一个问句(您什么态度呢)，然后后附称呼语，同时用手势来指明当前的听话人。例(10)发生在例(9)之后，在鹿先生说出自己的态度之后，夫妻双方因为观点的对立开始争吵。此时主持人指定了新的对话人凤凰(这对夫妻的女儿)，这个例子中的话轮也是只包含一个话轮构成单位，但是称呼语(凤凰)却出现在了话轮构成单位之前。还有一点需要指出，两者都顺利完成了话轮权的转移。也许我们可以说，对于简短的话

语(由单一话轮构成单位组成的话轮)来说,称呼语出现的位置不会影响到它们让渡话轮的功能。但是由于一个话轮构成单位结束的地方是可能发生话轮转移地方(TRP),在它完成之后附加上称呼语用来指明下一个发话人,更有助于话轮转移的实现。这也许是拜伯等人(2009:1112)研究中提到的"称呼语出现在后面位置比出现在初始位置常见""出现在后面位置的称呼语往往跟较短的话语单位连用"等情况出现的原因。

(9) [心理访谈《女人是老虎》上]

张女士:……所以呢这就是说我不让我小女儿过早上学的一个主要因素。

阿果:您什么态度呢,鹿先生。(用手指向鹿先生。)←

鹿先生:我这态度啊就是说呃就(是)今年是八周岁了就必须上学,因为啥呢……

(10) [心理访谈《女人是老虎》上]

鹿先生:……但是跟你去你不得给培养成神经病吗?

张女士:什么神经病啊?

鹿先生:你就是神经病。

阿果:凤凰夹在中间挺难过吧? ←

凤凰:妈妈爸爸都有道理。

16.3 称呼语在话轮中的转换

从事教学的教师都知道,在课堂教学中提问的形式十分重要。教师在提问时可以采用例(11)所示的两种不同的形式。但是教师都十分清楚,两种形式对学习者和课堂教学的影响是不同的。提问方式 a 首先指定回答问题的学生,然后再提出问题;提问方式 b 先提出问题,往往会停顿一段时间,然后再指定一名学生来回答问题。二者的不同在于由于提问方式 a 在发问之前已经指定了答话人,有的学生就会不再参与思考和回答(甚至聆听答话人的回答)。提问方式 b 避免了这个弊端,让全体学生参与对问题的思考活动中,因为他们不知道教师接下来要指定谁来回答问题。

(11)［自拟］

a 张三，睡莲的名字是怎么来的？

b 睡莲的名字是怎么来的，张三？

由此我们可以看出，称呼语放置在问题的前与后效果是不一样的。放置在发问之前的称呼语主要是用于指定听话人，放置在发问之后的称呼语主要是用于选择答话人。当然，在一般情况下，听话人就是答话人。并且对于比较简短的话语，由于语境和其他因素的帮助（如提问与回答相邻对子），听话人和答话人并不需要特别地标示。如假如房间里只有夫妻两个人，没有第三人存在，因此，妻子对丈夫的问话采用例(12)中的三种形式都没有问题。

(12)［自拟］

a 晚上吃什么，老公？

b 老公，晚上吃什么？

c 晚上吃什么？

在一般情况下，听话人就是答话人。但是在一些特殊情形下，听话人并不等于答话人。用会话分析的概念来说明，可以说，出现在话轮构成单位前面的称呼语其基本作用是用来指定听话人，用来建立与听话人的交流渠道；而出现在话轮构成单位之后的称呼语主要功能则是用来选择下一个发话人。虽然，二者在有些情况下是一回事，但是在另外情况下却又不是统一的。本书提到的出现在复杂话轮初始位置的称呼语就是最明显的例证。它们主要的功能是通过指定听话人，从而建立与之交流的渠道。因此常常用来争取话轮，主动加入谈话，或者引入新的交谈对象。在会话活动的展开方面，它们往往用来转移话题，或引入新话题。从例(7)、例(8)也可以明显看出，这些话轮在结束时重新指定了下一个发话人，而不是话轮开端所指定的听话人。从话轮构成的方式和其完成的任务来说，它们与由单一话轮构成单位组成的话轮不同，它们由多个话轮构成单位组成，需要听话人给予更多的时间和权利来完成自己的话语。因此在整个话轮的初始位置就通过称呼语的使用来表明自己的请求和意图。

萨克斯、谢格罗夫、杰弗逊(1974)发表过一篇著名的论文《会话中一个最简单的话轮转换规则系统》，描述了日常会话中交际者如何来完成发话人的交替。三个作者也注意到称呼语在话轮转换中的作用："当前发话人指定下一个发话人可以通过在话轮中话轮构成单位的前面使用称呼语来实现（即通过称呼语与特定的话轮类型连用），但是话轮的转换要一直到出现第一个话轮转换相关点才会发生。"在论文的另一处他们再次强调："当前发话人选择下一个发话人的一个重要——也许是基本的常用技巧就是在相邻对子的第一部分中使用称呼语（或者其他的可以起到吸引目标的方式，如目光接触），但是，选定某人作为发话对象本身并不一定意味着选择他作为下一个发话人。"我们的研究证实，萨克斯、谢格罗夫、杰弗逊的观察是十分敏锐的，称呼语在话轮转换中的作用跟它出现的位置很有关系，指定听话人和指定下一个发话人有时候不是统一的。不仅如此，称呼语的功能还跟它在整个话轮中的位置有关，出现由多个话轮构成单位组成的复杂话轮初始位置的称呼语，其基本的功能在于选定听话人，而不是选定下个发话人。因此在研究称呼语的使用时既要关注它出现在话轮构成单位（大致相当于一个语句）中的位置，更要关注它出现在更大的话轮甚至话语序列中的位置。拜伯等所谓的与称呼语连用的话语单位的长短用话轮构成单位的多少来界定也许更容易操作和分析。

我们主要就称呼语对话轮转换的作用进行了讨论，很明显没有人否认，称呼语在交际中还有其他方面的作用。李明洁（1997）认为，称呼语具有三大功能：定位功能、表情功能、定性功能。在访谈节目《女人是老虎》中，我们发现心理专家使用了"大姐""姐夫""鹿大哥"[见例（5）]来称呼来咨询的张女士和丈夫鹿先生。用泛亲属称呼来称呼进行心理咨询的客人，一方面用来拉近与客人的心理距离，另一方面也重新定义了当前交谈场合的特性，把公事公办的心理咨询（正式的公共机构交谈）变成了排忧解难的朋友帮忙。过去很多研究多是从社会语言学或语用学的角度来研究称呼语的使用。我们从话轮替换的角度进行的研究表明，称呼语的使用跟会话中的一项基本活动——话轮完成（争取和放弃）有很大关系，从这个角度进行研究也是很必要的。

称呼语的使用与会话中的基本活动话轮的争取与放弃有很大的关联。会话分析确实提供了一个新鲜而重要的角度，可以让研究者发现语言中一些看似不重要的要素，展示它们在会话中所起的重要作用。

第17章　作为答语的“可不是”

17.1　作为习惯用语的“可不是”

“可不是”是口语中常用的一个习惯用语，对于它的用法，《现代汉语八百词》是这样描述的：

(1) [吕叔湘，2002:334]

可不是吗　可不是　可不　表示同意对方的话。

咱们该去看看老赵了——可不是吗(可不是、可不)，好久没去了。

如果仅仅考虑《现代汉语八百词》所举的例子，这种描述也没有什么不对。但是如果考虑到其他的例子，就会发现这种解释很难成立。首先，在语料中我们发现，“可不是”还可以出现在不是对他人的话语进行回应的语境中。试看下面的例子：

(2) [老舍《秦氏三兄弟》[①]，《老舍文集》第12卷，277页]

王掌柜　(过来)常四爷，您是积德行好，赏给她们面吃！可是，我告诉您：这路事儿不算稀奇，多半是假装的，到处骗吃骗喝！

松二爷　假装的？骗吃骗喝？

王掌柜　可不是！我们在街面上的人，不能因为心眼软，受人家欺哄！

常四爷　李三，算账！王掌柜，从此我不再到这儿来喝茶！

王掌柜　四爷！四爷！

很明显，这里对方是“松二爷”，他的话“假装的？骗吃骗喝”是用来表示对王掌柜话语的怀疑和不满，王掌柜用“可不是”来回答，肯定不是表示赞同松二爷的怀疑或不满，而是再次肯定自己前面说过的话，用来说服松二爷和常四爷相信他的话，不要滥施善心。

---

① 《秦氏三兄弟》是《茶馆》的前本，文字上与《茶馆》不完全相同。

此外,"可不是"还可以用在连贯话语中,而不是对话中。这时也很难用"赞同"说来解释。例如:

(3) [中央电视台新闻频道节目①]

齐大妈的孙子现在已经10岁了,就在他3岁的时候,有一天他到阳台上玩,突然像发现新大陆般叫到:"奶奶,奶奶,你看我有多大力气,能将墙捅一个洞!"齐大妈闻声赶来一看,可不是吗,阳台的护栏上真的被孙子捅了个窟窿。

对"可不是"的研究不是很多。孙利萍(2011:53)把"可不是"称作"答话标记",从历时和共时层面分析了这个短语的形成过程和功能。类似的研究还包括陈秀清、张凯(2010)。于宝娟(2009)则从语篇结构的角度来挖掘"可不是"的作用,认为它往往出现在"认同—理由"的模块中。刘运同(2009)从话语序列的角度来研究"可不是"出现的语境,发现"可不是"还可以出现在由三个话轮组成的序列中。看来对这一口语中常用的短语,仍有必要进行深入的研究。

17.2 "可不是"的意义和用法

在对话中,"可不是"主要用在下面两种语境之中。

17.2.1 "可不是"用在三个话轮的序列中

在发话人做出一个陈述之后,听话人对它的回应是怀疑和否定,发话人用"可不是"来回应听话人的怀疑和否定,形成一个三个话轮的序列。此时,"可不是"绝对不是用来表示同意听话人的怀疑或否定,而是再次肯定自己前面发出的陈述,用来打消或消除听话人的怀疑,让听话人接受自己已经发出的陈述。"可不是"是一种反问形式,是用一种强调或加强的方式来陈述某一命题,这种形式用在听话人的怀疑或否定话语之后,正是为了对听话人的怀疑或否定进行否定。在会话分析中,由于话轮往往会被插入序列打断,因此话轮并不是描述会话结构的最佳单位,会话分析学者往往用"位置"来描述话语序列的构成。按照这种惯例,我们可以把"可不是"出现的第一种语境抽象为如下的模式:

---

① 取自中央电视台2004年3月16日播出的节目《今日说法》,文字稿来自 http://www.cctv.com/news/society/20040316/101482.shtml。

位置 1:(发话人 A)P

位置 2:(听话人 B)P?

位置 3:(发话人 A)可不是

值得指出的是,听话人在位置 2 表示怀疑,往往采用回声问的方式,即从发话人话语中选取主要的信息,加上疑问语气。还有一种方式是采用“真的吗”等固定结构来表示疑虑和怀疑,如:

(4) [网络语料,http://www.ruoyu.net/Html/book/183/7092]

“听说了吗?这次外星人来是要攻打地球了,那艘飞船有月球那么大,上面估计装着几亿的部队哪!”

“真的吗?”

“可不是吗,我隔壁的张三已经在自己的房子后边挖防空洞了。”

位置 3 上的“可不是”可以看作是一种省略的形式,它的完整意义只有回溯到位置 1 中的话语方能确定,因此发话人在位置 3 所表达的内容可以粗略地概括为:确实是 P/肯定是 P/ P 是确定无疑的等。发话人用“可不是”来表示对命题 P 的确信和肯定态度。就位置 3 的话轮本身而言,“可不是”可以单独占据一个话轮。如果在“可不是”之后出现其他的语句,“可不是”往往出现在话轮的开始位置,之后的语句往往是一些解释、说明性的话语,用来证明命题 P 的正确性;或者类似一个补救程序完成之后,发话人回到并继续自己在位置 1 的话题。例如:

(5) [老舍《大地龙蛇》,《老舍文集》第 10 卷,342—343 页]

赵素渊　我还没说完呢!学生们参加游行,我可请了假;怕我不上这里来,大哥不高兴!至于你管这叫奇装异服,纯粹是因为你落伍了!

赵兴邦　多么奇怪!我会落伍了?

赵素渊　可不,现在天下太平了,我们就今天穿日本装,明天换印度装,后天也许再换安南装。能欣赏别人的东西与办法,才能减少成见;没有了成见,才能共享太平!

赵兴邦　原来如此!你的和平建设在衣服鞋帽上?

(6) [老舍《秦氏三兄弟》,《老舍文集》第 12 卷,283 页]

顾师孟　唉!你的性子是真硬啊!我说,快八月节了……

秦伯仁　又快到中秋了？

顾师孟　可不是吗？咱们怎么过节呀？

秦伯仁　我顾不得过节！

17.2.2　“可不是”用在两个话轮的序列中

“可不是”还可以用在两个话轮组成的相邻对子之中。我们可以把“可不是”出现的第二种语境抽象为如下的模式：

位置 1:(发话人 A)P

位置 2:(发话人 B)可不是

这时候的“可不是”是否如《现代汉语八百词》所言，是用来“表示同意对方的话”呢？

我们来看几个例子。在例(7)中，发话人 A 做出了一个陈述“你这份工作挺不容易的”。我们注意到，这个陈述是关于听话人 B 的。根据拉波夫等(1977)对 A 事件、B 事件、AB 事件的区分，这是一个 B 事件，只有 B 才最有资格对关于自己的陈述做出证实。因此，听话人 B 可以使用“是”“对”“可不是”等表示肯定的词语或短句来进行回应。

但是这并不是说，拥有较高的知识或信息状态的交际者[如例(7)中的 B]才可以使用“可不是”进行回应。例(8)似乎与例(7)相反，对话中妈妈在“我们”夫妇出门的时候告诉我们，今天是我们俩的生日。注意我在回应中使用了“哦”表示信息状态的改变，然后使用“可不是”来确认妈妈在上一个话轮中的命题①。

---

①　当“可不是”的使用者被他人提醒而了解某一信息时，在他的话轮中也可以出现表示疑问的语句。这种方式与出现在由三个话轮组成的序列结构类似。如：

匆匆忙忙地吃过了早餐，准备出门上班。这时电话铃声突然响了。“喂，你好！”

“薇薇，做什么呢？今天晚上有没有空啊？”原来是小珍的声音。她的声音总是那样特别，虽然已经是结了婚，当了母亲。可还是像个小孩似的。

“有事吗？”

“晚个来我家吧，你星秀大哥今天出差回来。我们聚聚。你也好久没见到他了吧？再来看看我的乖儿子，你的干儿子。”

“星秀大哥今天回来啊！算了吧，我不去当电灯泡了。你们二人好好地过个情人节吧！”

“今天是情人节吗？哦，可不是吗，我都忘了。那也没什么，我和星秀都老夫老妻了，还过什么情人节！”

“不去了，我晚上有事。改天去看我的干儿子。”

“那好吧，薇薇别在等献了，他一声不响的就走了，别苦了自己。哎呀，小星星尿裤子了！不说了！”

(http://bbs.astro.qq.com/t-393747-1.htm)

(7) [李杰明、李杰群,2000:212]

A:你这份工作挺不容易的!

B:可不是吗!

(8) [网络语料,http://blog.163.com/sag_6211/blog/static/696321642008109104521460/]

今天上午,我和爱人接我父亲去眼科医院,做青光眼手术后的第三次复查。

临出门时,妈妈说:“知道今天是什么日子吗?”

“什么日子?”我不解地问。

“今天是你们俩的生日啊!”妈妈兴奋地说。

哦! 可不是吗,我的阴历和他的阳历今年正好赶在了一天。

“中午在这吃,我给你们做凉面,过生日。”

可以看出,在会话中“可不是”可以用来对前一个命题进行肯定表态。前一个命题可以采用陈述句的形式,如例(7)、例(8);也可以采用信大于疑的疑问句形式,如例(9)、例(10)等。但不能由完全没有倾向性的特指问、是非问、选择问充当。当前一个命题来自交际中的另一方时,就形成了《现代汉语八百词》所谓的“同意对方的话”。其实,“可不是”还可以用来对自己的话语进行再次申明、确立、证实等。所以,“可不是”是用来对会话中的一个命题进行表态,这个命题可以是“可不是”的使用者自己提出的,也可以(常常是)由交谈中的对方提出的。“可不是”是一个简短的回应手段,从历时的角度来看,它是逐渐独立而单独使用的。在有些例子中,“可不是”仍旧结合在表达命题 P 的语句中的,如例(11)所示。

(9) [老舍《龙须沟》,《老舍文集》第 11 卷,140 页]

赵老　就剩您一个人啦?

大妈　可不是,都出去了。您今天没有活儿呀?

赵老　西边的新厕所昨儿交工,今天没事……

(10) [老舍《春华秋实》,《老舍文集》第 11 卷,186 页]

周廷焕　昨儿晚上,姜二加夜班,正往炉子里续碎铁哪,铁水爆起来,把眼睛磞了!

梁师傅　碎铁，碎铁，又是碎铁！碎铁里什么乱七八糟的东西都有，事前也没挑一挑？

周廷焕　可不是，马师傅净想买经理的好，不让挑，一个劲的穷催："快着，快着！"

(11) [老舍《茶馆》,《老舍文集》第11卷,410页]

小二德子　……(掏出四块现洋，一块一块地放下)给我算算，刚才花了一块，这儿还有四块，五毛打一个，我一共打了几个？

王大栓　十个。

小二德子　(用手指算)对！前天四个，昨天六个，可不是十个！大栓哥，你拿两块吧！没钱，我白喝你的茶；有钱，就给你！你拿吧……

当交际者使用"可不是"对他人的命题进行表态时，他不仅对他人的命题进行回应，同时也是对对方进行表态，交际者用这个方式表明他与对方在观点、立场及情感态度上的协调一致。在例(10)中，周廷焕向梁师傅诉说，自己的工友昨天工作时被碎铁"硼"坏了眼睛。梁师傅听到这个消息时猜测，出现这种情况可能是由于没有对碎铁进行仔细分拣。听到梁师傅的推测，周廷焕使用"可不是"进行了回应。然后在添加的话语中点出了抱怨的对象，是马师傅催得太紧，才造成了这样的事故。试想，如果周廷焕在梁师傅的推测后仅仅使用"是"或者"对"这样的反馈词语来回应，仅仅是对梁师傅猜测的对与错做出了回应，则失去了"可不是"所传递的"你说得真对，你深得我心"等情感态度的表达。因此说，"可不是"的使用，固然跟使用者对命题的表态有关，但有时候则主要是为了传达交际者双方立场、情感态度上的协调一致。例(12)、例(13)都取自中国传媒大学文本语料库，并且来自同一个栏目——北京人民广播电台的"一路畅通"栏目。这个栏目设有两名主持人，一方面提供交通方面的信息，一方面也跟司机和听众聊一些跟交通无关的话题。按照一般的工作程序，对于所聊的话题，两名主持人其实都做过准备，都比较熟悉。在例(12)中，两名主持人在聊意大利画家拉斐尔。一名主持人刘思伽介绍拉斐尔年龄上的特点，说拉斐尔"是一位相当短命的艺术家"。另一名主持人罗兵使用了"可不是"进行回应，然后就转向了另外的话题，拉斐尔的父亲。虽然罗兵并没有继续这个话题，我们仍旧认为，罗兵使用的"可不是"是对发话人上一个话轮中的命题进行肯定。而在例(13)中，当有司机或听众打进电话询问主持人今天聊些什么话题时，罗兵虽然有所暗示，但并没有直接说出今天讨论的话题。刘思伽的回复则更直接一些，说今天说说“吃的事”，然后用“就是”进行解释，即什么食物跟什么食物在两个小时内不能同时吃。刘思伽的话轮可以看作是一种话题预告，对今天所讨论的话题进行了明确。在这之后，罗兵用“可不是”来回应(对话中用黑色显示的话轮)，然后继续这个话题，询问大家吃萝卜的时候跟什么相配。在刘思伽的配合下引出不能与萝卜配合的食物——木耳。对于这里的“可不是”，与其说它是对上一个发话人命题(这个世界上存在着一些食物在两个小时内不能同时吃)的肯定，不如说是对上一个发话人言语行为的肯定，即我赞成应该谈谈食物如何配合吃才好的问题，或者仅仅是对上一个发话人话题的接受。在“一路畅通”这样的聊天节目中，两名主持人互相支持与配合，共同推进节目的完成。同样，例(1)中的“可不是”也应该分析为对对方提议的赞同或接受，而不仅仅表示“同意对方的话”。

(12) [传媒语料①-1]

罗　兵：对，我们也介绍一下他。拉斐尔，1483 年的 4 月 6 号出生在意大利的乌尔比诺城，1520 年 4 月 6 号，死于罗马。

刘思伽：从年龄上分析，他比达·芬奇和米开朗基罗都小，可是比米开朗基罗早死了四十多年，只比达·芬奇晚死一年。和米开朗基罗形成鲜明对比的是，他是一位相当短命的艺术家。

罗　兵：可不是吗，他家庭是怎么回事呢？他家庭的父亲是乌尔比诺公爵家一普通的画师，要说这有传承，拉斐尔从小就受到了父亲的熏陶。

刘思伽：甭说了，也是一苦孩子。

(13) [传媒语料-2]

刘思伽：周日早晨好，各位亲爱的听众朋友，欢迎收听一路畅通亲爱版，我是刘思伽。

罗　兵：亲爱的听众朋友您好，我是罗兵，首先说一下最新的路况信息。

5995：　你们两个老号称起得早，有我起得早吗？我四点就起来了，送我爸妈出去

① 取自中国传媒大学文本语料库，http://ling.cuc.edu.cn/RawPub/。

玩儿，现在我回家了，做后勤保障呢。

刘思伽：这么早就吃了吗？

罗　兵：他肯定没吃，听了咱们俩的话一准就吃了，因为咱俩每一回说开场白的时候都是吃吃吃。

刘思伽：没那么简单，咱们说的是吃的文化，饮食的、科学的、合理的搭配。

罗　兵：这倒是。

0192：　两位吃了没，快出来，今天说啥话题？

罗　兵：话题不用着急，万一您要是把这样和这样搭配了吃了，您该着急了。

刘思伽：今天开头跟大家说说吃的事，就是两个小时之内不能同时吃的食物。

罗　兵：可不是吗？好多人都说，萝卜，你平常的时候都吃些什么？ ←

刘思伽：不吃木耳吧？

罗　兵：反正萝卜和木耳不准备搭配着吃。

刘思伽：一块吃是有后果的，容易得皮炎。

(14) [吕叔湘，2002:334]

A:咱们该去看看老赵了。

B:可不是吗(可不是、可不)，好久没去了。

17.2.3 "可不是"与"是"的比较

前文描述了"可不是"出现的两种语境，并指出"可不是"不仅对他人的命题进行回应，同时也是对对方进行表态，表明他与对方在观点、立场及情感态度上的协调一致。但是在会话中表达发话人肯定和确信态度的词语其实还有几个，如"是""对""就是"等。它们与"可不是"到底有什么异同呢？在本节里，我们以"是"为例，进一步探寻"可不是"的特点。

根据吴青(2008:45)的研究，"是"类反馈成分偏向于对事件或事实的肯定；此外，"是"还常常作为接受命令的应答词。而我们的研究表明，"可不是"的使用往往通过对他人或自己的命题或行为的肯定来解决交际中出现的各种问题。例(15)出现在大学的游泳池售票处，工作人员之所以发问，是因为学生和校外人员的票价是不同的。因此对这个问题，购票人只需回答"是"或"不是"就可以了。而例(16)则不同，白花蛇在自己的话轮中批评方珍珠的妈妈跟金喜的妈妈联合起来与新的社会作对，并责怪方珍珠没有与之做斗争。方珍珠在回应时拒绝了白花蛇的批评与责怪，认为自己的妈妈近来对自己不错。作为参与会话的另一方，方珍珠的爸爸破风筝选择站在女儿一边，他使用“可不是”来开始自己的话轮，然后提出了自己的证据，“她近来有点进步”。在这个对话中，破风筝使用“可不是”不仅用来肯定女儿的话，而且表明了他与女儿的一致立场及与白花蛇的对立。换句话说，“是”是一种简单而无标记的回应方式，“可不是”是一种复杂而有标记的回应方式，用来应对交际中复杂的态度或情感表达需要。

(15) [日常会话]

A:你是学生吗?

B:是。

(16) [老舍《方珍珠》,《老舍文集》第 11 卷,83 页]

白花蛇　哼，说着容易！金喜她妈说了，她要找你妈去，一齐跟咱们干！你连自己的妈还不敢惹，说什么斗争别人的妈?

方珍珠　二叔，别那么说，我妈近来可对我不错!

破风筝　可不是，她近来有点进步。

17.3　两种“可不是”

口语习用语“可不是”并不是仅仅用来表示“同意对方的话”。概括地说，在会话中，“可不是”除了可以用来三个话轮的序列中，用来再次肯定发话人的命题，用来说服听话人或打消听话人的疑虑，还可以用在相邻对子中作为第二部分表示与对方在观点、立场及情感态度上的协调一致。从来源上看，“可不是”本身是利用双重否定的形式(反问的形式)来肯定或强调一个命题，逐渐成为一个习用语表示高度的肯定。它的意义和用法只有联系它使用的语境(指较小的话语序列)才能做出较准确的说明。

在口语中还有许多这样的表达方式，如“就是”“谁说不是呢”“是啊”“那还用说”“那当然啦”等，它们往往出现在对他人话语进行回应的话轮中，联系它们在口语中的语境对它们进行细致而深入的描写，不仅对于口语研究具有重要的意义，对于口语教学（如汉语作为外语或第二语言教学）也会很有帮助。

第 18 章　会话分析与汉语国际教育师资培训

18.1　会话分析与课堂教学

会话分析的研究对象是人们的交际活动，包括日常的会话和机构性交谈。课堂教学是机构性交谈的一种，因此从会话分析创立之初，就有研究者开始按照会话分析的理论和方法来对课堂交流进行研究。作为一种跨学科的研究人类交互活动的学科，它具有鲜明的特点和突出的优势。它认为任何交流活动都是交际者通过一点一点的努力建构起来的，研究者可以通过分析研究者的交流活动本身来发现他们建构世界的方法，而不需要从某些特定的理论出发来关照所研究的对象。因此会话分析可看作是一种语料驱动的研究路向。另外，会话分析坚持利用真实交流活动的录音或录像进行研究。把会话分析的理论与方法引入汉语国际教育师资培训领域，不仅可以改善目前汉语国际教育师资实践能力培训不足的问题，也可以为未来教师观察和分析课堂，进行课堂研究提供一个有益的工具，促进他们的专业成长。

18.2　课堂研究的三种路向

Nunan 和 Bailey(2010:6-9)把课堂研究的传统分为两类：心理测量研究和自然主义研究。心理测量研究又称为实验法。从历史上看，实验法曾是课堂研究领域的主导方法，它对课堂研究的影响十分深远。同其他方法相比，实验法有一套严格的操作程序，也具有最多的技术术语。实验法往往采取随机抽样的方式把实验对象分为实验组和控制组两组，通过测量两组被试之间的区别，来探寻自变量和因变量之间的关系。根据 Nunan 和 Bailey(2010:6-9)的回顾，早期的语言课堂研究多属心理测量研究。如 Scherer 和 Wertheimer(1964)所进行的一项研究就是典型的方法比较研究，其目的是想找出对于大学层面的外语教学来说，听说法是否优于语法翻译法。但是两年的实验结果并没有完全证明研究者的假设。接受听说法教学的学习者在听力和会话方面优于接受语法翻译法的学习者，但是接受语法翻译法的学习者在阅读和翻译方面优于接受听说法的学习者。在 Scherer 和 Wertheimer(1964)的研究成果发表以后，有许多研究者批评这项研究。研究者指出，方法比较类的实验研究的最大问题也许在于这类研究假定教师都是严格按照某种教学法来进行教学的，研究者并没有实际去观察和分析课堂的教学活动是如何完成的。Hopkins (1985:26-29)追溯了实验法的来源，发现最早使用实验法的领域是农业领域，研究者希望比较不同的培育方法是否会产生不同的产量。在农业领域实验法是得心应手的，因为研究者可以人为控制不同的培育方法，然后测量作物的产量，来比较不同培育方式的结果。但是，把实验方法应用到教育或教学领域，情形则存在巨大的不同。Hopkins(1985)从理论和实践方面论述了语言教育领域的心理测量研究传统的不足。Hopkins(1985:28)指出，第一在教育领域很难做到所谓的随机抽样。第二，这种方法与普遍认可的教育哲学和理念不符。在教育领域教师应该关注每个学生的发展，而不是整个班级平均数的多少。第三是由于教学活动的复杂性，无法用统一的标准来衡量和评价。

对课堂研究产生较大影响的另一研究路向话语分析(Discourse Analysis)具有十分浓厚的语言学背景。据多个文献(张杰，1994；路扬，1996)介绍，伯明翰学派话语分析模式由英国伯调翰大学英语研究组中的辛克莱(Sinclair)和库尔特哈德(Coulthard)于 1975 年在其著作《话语分析初探》中首次提出。库尔特哈德 1985 年发表的《话语分析导论》对该模式作了补充和改进，但基本原则和架构没有变化。这个模式考察的材料是课堂内教师与学生的对话语言，重点研究这一交际语言的话语功能、语句序列以及话轮替换等。研究者精心收集了大量的师生对话语料，并对此进行了分析和深讨，从而建立了一套话语描写模式。

伯明翰模式为一个等级系统模式，其理论架构源于著名语言学家韩礼德《语法理论范畴》一文。韩礼德把语法结构分为五级，上级单位由若干下级单位构成。辛克莱和库尔特哈德依据这一理论，把话语结构分成五级，上级单位由下级单位构成。在伯明翰分析模式中，最高层级为“课”(lesson)，“课”由若干“课段”(transaction)构成。“课段”为第二级，第三、四、五级分别为“回合”(exchange)、“话步”(move)和“话目”(act)。一个或几个“回合”构成“课段”，若干个“话步”构成“回合”，若干个“话目”构成“话步”。“话目”为最低级次。在这个描写模式中，一个反复强调的单位就是“回合”，它是课堂交际的中心结构。“回合”有“边界回合”和“教授回合”之分，前者标志“课段”的开始和结束，具有组织功能；后者具有教学功能，由“告知”“引发”或“指示”回合体现出来。“告知”“引发”和“指示”，均由教师“诱发”(initiation)、学生“回答”(response)和教师“反馈”(feedback)构成，是一个三话步会话回合单位，取其英文首字母简化为 IRF。伯明翰描写模式认为，IRF 结构是课堂内教师与学生交际的基本结构序列，这就是后来研究者广泛采用的 IRF 序列的来源。虽然伯明翰话语分析模式开始是用来分析课堂教师和学生交流活动的，但其影响远远超出了课堂话语研究。张杰(1994：16)认为：“许多特定话语如医生病人对话、电话交谈、戏剧台词等的分析均步伯明翰学派之后尘，其描写框架无一例外地受该学派的左右和影响。”

伯明翰话语分析模式在课堂话语描写方面虽然取得了一定的成功，但也招致一些批评。比如研究者(Levinson，1983：287－294；Seedhouse，2004：57－58)从以下几个方面批评伯明翰模式存在诸多不足。①一个话语可以同时行使多种语言功能，但是伯明翰模式中却只为某一话语分配一种语言功能。②回答可以针对一个话语的言外行为(illocutionary force)，也可以针对某一话语的言后行为(perlocutionary force)。而言后行为无论是种类还是数量从原则上来说是无法穷尽的。③在描述时无法预先规定一些行为的交际目的，如沉默和发笑都可以用来表示回应。④从理论上说形式和功能并非一一对应。⑤在描写言语行为时，序列结构和非言语行为也起到很大的作用，而伯明翰模式似乎对此注意不够。⑥无法建立一些规则来描述语篇的连贯。⑦伯明翰话语分析模式对语篇的分析流于表面、无新意，在对语料分析(分类)时往往出现凭借直觉、不加论证的问题。

在实际的描述与分析当中，研究者也发现伯明翰话语分析模式对课堂交互活动的分析存在简单化和挖掘不深的缺陷。Seedhouse(2004：59－66)对比了伯明翰话语分析模式和会话分析对同一段课堂交流活动的分析。

(1) [Seedhouse，2004：59]

1 T:　Vin，have you ever been to the movies? what's your favorite movie? ((I))

2 L： big. ((R))

3 T： big，OK，that's a good movie，that was about a little boy inside a big man，wasn't it? ((F))((I))

4 L： yeah，boy get surprise all the time. ((R))

5 T： yes，he was surprised，wasn't he? Usually little boys don't do the things that men do，do they? ((F))((I))

6 L： no，little boy no drink. ((R))

7 T： that's right，little boys don't drink. ((F))

(Johnson，1995，p. 23)

可以看出，按照伯明翰的话语分析模式，我们只是得到了 3 组 IRF 序列，并不能从中得到更多师生交互活动的信息。但如果应用会话分析的方式，可以发现，教师的第一个问题引入一个话题（电影），学生给予简短的回答。在第 3 行，教师接受了学生答话中引入的一个新的话题（名为 Big 的电影），通过提问希望学生进一步谈论这个新的话题。教师使用的附加疑问句既限定了学生回答的方式和内容，同时也留有余地，让学生可以进一步发展此话题或提出新的话题。我们注意到，学生继续谈论电影的内容，但使用的语句是错误的（boy get surprise all the time）。在第 5 行，教师继续当前的话题，但是在此之前，他使用肯定学生内容的方式纠正了学生的语言错误（he was surprised）。教师的附加问句再次得到学生的认可，不过学生再次出现了语言错误。第 7 行中教师使用同样的方法继续当前的话题，同时纠正学生的语法错误。这个简短的片段表明教师和学生使用了多种手段，互相配合完成了交流，如在适当的时机参与会话、表示赞同、继续当前的话题、纠正错误等等。而这一切在 IRF 模式中却体现不出来。Seedhouse 的分析表明，虽然这一课堂交流也可以看作是一系列的 IRF 结构，教师也显示出对课堂活动的一定控制，但是课堂活动仍然是建立在教师和学生一个话轮一个话轮地局部建构之上。并且还可以看出，教师在这一活动中很好地平衡了多项目的，如鼓励学生使用目标语进行表达，同时练习特定的词汇；既鼓励学生关注意义和流畅，也关注语言形式的正确性；既关注与当前学生的交流，也适当兼顾其他作为听众的学生的需求（纠正语法错误也是为其他学生考虑），等等。Seedhouse 的对比也显示伯明翰的话语分析在描写和分析的深度和细密度上都不如会话分析做得到位。

在自然主义研究传统中 Nunan 和 Bailey 只列举了人种志研究（Ethnography）和个案研究（Case Study）。作为课堂研究的一种模式，会话分析在性质上属于一种自然主义研究，它具有鲜明的特点和突出的优势。

18.3　会话分析路向课堂研究的两大领域

Freebody 和 Freiberg（2011：82-83）在一篇研究方法的介绍论文中提到，民俗学方法论及会话分析（EM/CA）对教育领域的很多论题如考试、课堂秩序与管理、课堂教学活动、师生关系等，都进行了广泛而深入的研究。不过，按照 Gardner（2013：611）的看法，虽然早期陆续有一些研究，但直到 20 世纪 90 年代晚期，利用会话分析理论对课堂教学的研究才大量涌现。Gardner（2013：593-594）同时认为，会话分析对课堂教学的研究大致可以分为两个大的领域：一类侧重研究课堂的交际活动如何展开；另一类侧重研究课堂上的学习如何发生。

第19章　会话分析路向的课堂交互活动研究

当会话分析把目光转向课堂教学时，它仍然保留了研究日常会话时所形成的原则和立场，把课堂教学中发生的师生之间的交往行为作为关注的重点，侧重分析师生之间的话轮转换方式，师生交谈所处的序列结构，通过发掘课堂上实际发生的行为来说明课堂教学是如何一点一点地完成，而不是利用固定的师生关系等外在因素来解释说明课堂教学的实现。同时，由于对日常会话研究取得了丰硕的成果，在对课堂教学等机构性交谈进行研究时，研究者往往采用对比的方法，把课堂交谈与日常谈话进行对比，以找出课堂教学的特点来。研究者利用会话分析的一些关键概念对课堂教学的特点进行了深入的研究。

19.1　课堂交互活动

19.1.1　话轮转换

萨克斯、谢格罗夫、杰弗逊(1974)的著名论文《会话中一个最简单的话轮转换规则系统》，描述了日常会话中交际者如何来完成话轮的交替。这个系统表明，在日常会话中话轮交替是会话参与者共同完成的。每个会话参与者至少在获得参与会话的权利方面是平等的，每个会话参与者都可以选择其他人参与会话活动，也可以通过自我选择来参与会话活动中。并且每个会话参与者可以利用自己的话轮来完成各式各样的任务。

课堂教学作为一种机构性交谈形式，与日常会话相比在话轮交替方面存在许多不同之处。McHoul(1978)的研究表明，在他研究的地理课堂上，教师拥有更多的选择权，他可以选择一个学生来作为下一个发话人；如果他没有选择下个学生作为发话人，他可以继续自己的话语。学生的选择权则存在较大局限，他只能被教师选择作为下一个发话人；当他选择下一个发话人时，他只能选择教师，而不能选择其他的学生。Mehan(1979)也发现，在教师主导的课堂上教师通常采用三种方式来选择学生参与课堂活动中：第一，指定某一名学生回应；第二，要求学生竞争(如举手)；第三，要求任一学生来回应。Xie(2011)的研究表明，Mehan(1979)发现的模式在当今中国大学英语作为外语教学的精读课上仍然广泛存在着。

按照今日的眼光来看，这些研究都存在简单化的倾向。它们似乎把课堂活动或师生交往看成是一对一的交互行为，一个接着一个发生。其实，即使是教师主导的课堂上，当教师与某一个学生交流时，其他的学生也在以各种方式参与其中，整个课堂活动并不局限于教师与某一特定学生的交流。如例(1)所显示，在教师(T-K)要求 S1 提问时，在经过短暂的停顿之后，S1 说出了自己的句子。但是这个句子存在三个错误。我们发现在另一个短暂的停顿之后，不是教师而是另一个学生 S2(第 6 行)首先站出来提醒 S1(应使用 how many 而不是 how much)。之后教师接过了话轮，向学生 S1 示范正确的说法(第 8 行、第 10 行)，S1 只是用“yeah”来回应，并没有完成教师要求他完成的任务，即提出问题。值得注意的是，在一个 0.4 秒的停顿之后，又是 S2(第 13 行)首先开始练习提问时需要使用的句末短语(are there)，S1 紧接着 S2 做了同样的练习。之后教师再次示范正确的提问方式，又是 S2 回答了教师的提问，结束了当前的练习序列。总之，表面上看，当前的活动应该发生在教师和 S1 之间(教师选择了 S1)，但是实际发生的交谈却显示，S2 通过各种方式积极参与到当前的活动中，他获得的参与和练习机会即使不比 S1 更多，也与 S1 相当。

(1) [Gardner, 2013: 599-560]

```
01  T-k:   Y'genna a:sk her one more question?
02         (0.4)
03  S1:    How m- (0.4) < Ho:w muchee:: ¿>  (0.2) How much (0.2)
04         °how much::°(1.2)^hos:|p'tal <is the:re.>
05         (0.9)
06  S2:    ^How- [|ma:ny¿
07  T-K:         [How-
08  T-K:   [How- (    )-
```

09　S1:　　[How man:y
10　T-K:　ho:s:pitals; (.) [a:re the:re.
11　S1:　　　　　　　　　　[Yeah
12　　　　(0.4)
13　S2:　　°are the[:re°¿
14　S1:　　　　　　[are th[ere
15　T-K:　　　　　　　　　[how many hos[p[ita:ls　[are there.
16　S2:　　　　　　　　　　　　　　　　[h[ospitals [are there.
17　S1:　　　　　　　　　　　　　　　　[hospitals　[are there.
18　S2:　　A:h- (.) there a:re (2.2) many hospital ...

利用会话分析的话轮转换规则及(与日常会话的)对比,大多数研究者关注并描述了语言课堂上话轮的分布情况以及师生之间的不对等情况。Waring(2013)则利用个案研究的方式来展示出一名叫 Stacy(假名)的学生如何努力争取获得过多的参与机会,以及教师采用何种方式来管理这类学生。Waring 录制了两个小时的英语作为第二语言的课堂教学录像,对 Stacy 参与的片段进行了分析,找出教师在面对这类学生时采用的策略。在例(2)第 40 行,Stacy 的回答跟教师的问题形成了重叠,教师并没有放弃自己的话轮,而是继续并重新提出自己的问题(第 43 行)。虽然在完成自己的话轮后教师向 Stacy 点头示意,但是整个过程仍有意忽略了 Stacy 在第 40 行的回答。并且在后来的交流中(第 44 行到第 50 行)教师把交流活动局限在一个特定的学生 Nancy 身上。Waring(2013: 843)把教师的这种策略称为删除策略。

(2) [Waring, 2013: 843]

35　T:　　　　Okay well, let-　let-　let's be um: let's be: laughter
36　　　　　　scientist for a moment, (0.4) and analy:ze, so wha-
37　　　　　　why is it wha-　wha-　why- >why do we have this
38　　　　　　reaction.<(0.2) to the joke.= Or wha-　what is it-
39　　　　　　Um: (0.4) [I::f-　if we finish the joke　] and=
40　Stacy: →　　　　　[It's kind of out-　outrageous,]

41 T: ⇉ [some]body((points to board))-said get it? (0.4)
42 Stacy: → [It's]
43 T: ⇉ What is there {to get.-((quick slight nods to Stacy))}
44 (0.3)-((scans class but not Stacy, who then follows T's gaze))
45 ((looks at and gestures to Nancy))- Na- Nancy?
46 (0.3)
47 °What do <u>you</u> think.°
48 Nancy: About this joke?
49 T: {((turns and gestures toward CD player))-Yeah err: wha-
50 what's- } (0.8) wh- what <u>ma</u>kes it a joke.

除此之外,面对过分"卖力"的学生,教师还可以采用先略加确认后再次确定序列方向的方式来支配交流活动。在例(3)中,教师刚放过一段关于幽默的录音,在决定让学生听第二遍之前,他让学生互相检查一下他们的记录。从 22 行到 26 行是 Stacy 对教师要求的回答。Stacy 回答结束之后,教师询问班上哪个同学愿意继续这个活动。但他的话轮被 Stacy 的话语打断。在 3 秒钟停顿之后,Stacy 再次要求再听一遍。在第 33 行,教师的回应表明他听清楚了 Stacy 的要求,但是坚持自己预定的目标(使用 well),要求学生先互相检查一遍。在话轮结束时他更明确地指定 Mindy 来陈述听到的内容,来继续当前的活动。从这个例子可以看出,虽然教师对 Stacy 的插入进行了简短的回应,但是仍然要求学生按照自己设定的目标来继续,而不是接受 Stacy 的提议。这表明,虽然教师可以在一定程度上鼓励或接受学生的话轮,但是对整个交互活动的方向和目标仍然具有较大的支配权。

(3) [Waring, 2013: 847]
22 Stacy: [I- I- I- catch-] I was writing 〉something
23 about〈 the the- the- that humorous would improve
24 um: your grou:p and individual performance,= and
25 then she said something about university so I <u>g</u>uess
26 〉it was something about that.〈

27 T: Can anybody else help with that, from the
28 [() wha-]
29 Stacy: → [〉I didn't hear anthing-〈]
30 (3.0)
31 So the exa:mples (.) is what you-(.) What I (0.2)
32 notice more °the second time I hear it.°
33 T: ⇉ A'right. Well. Let- let- let's try: we- we 〉just have
34 a few minutes〈 but let's try to reconstructs (0.2) 〉 as
35 much as we〈 can.= So how di- how did it begin.
36 Maybe Mindy, can you give us the beginning?
37 (0.8)
38 Mindy: U::m the- the laugh u:m (0.2) is u:h something that
39 for you (0.2) own benefit, (0.2) 〉or for the benefit
40 of your company? 〈

Waring的研究表明,教师的主导权并不仅仅局限在所谓的第一话轮或位置(I),在第三话轮或位置中(F)教师仍然具有很大的优势,来决定如何对学生的话语进行回应,如何引导交互活动朝着自己预定的方向进行。这类研究进一步拓宽了会话分析对语言课堂上话轮分配的研究,帮助人们认识到课堂活动的复杂性和多样性。

早期的一些研究由于关注的多是教师主导的课堂活动,因此对其他类型的课堂活动或教师主导的课堂中其他类型的活动中的话轮替换形式注意不够。随着外语教学的关注点越来越转向学习者,以及外语教学法对意义和交际活动的强调,外语课堂变得越来越多样化,外语课堂上话轮替换规则如何随着教学活动的变化而发生调整就越来越受到关注。例(1)中S2之所以可以获得较多的参与机会,就是因为例(1)是发生在结对或小组活动中,练习是由S1和S2来共同完成的。

Jacknick(2009)的博士论文专门研究了英语作为外语课堂上在由教师主导的活动中由学习者引发的话语序列,对深化研究者对课堂交际活动的认识更有助益。Jacknick(2009:83-84)把学习者引发的序列分为两大类,一类是应教师的要求而发出的话轮(这在传统的课堂上很常见)。另一类则并非由教师引发,主要发生在三个位置:①在另一名学生的话轮之后;②出现在教师话轮进行当中;③出现在活动的边界处。特别引人注目的是出现在教师话轮进行当中的学习者话语,它等于是打断了教师的话语,用来引入一个新话题或重新引入旧的话题。在例(5)中,开始的交流发生在教师(T)和学生 Nadi 之间,Nadi 问老师可不可以说“my professor recommended me to take”,教师费了一点时间告诉 Nadi 是可以这样说的。中间经过另一个学生的插话,教师继续自己的话题,提醒学生以前他们在第一单元学习过相关的语法。在他的最后一个 TCU(That was the first unit)完成后,出现了一个 0.8 秒的停顿。接着教师低头去看自己的讲义,这时另一个学生 Yoro 用 Uh 来表明自己想发话提问,在得到教师的许可(OK)后,Yoro 提出了自己的问题。虽然 Yoro 插入的时点是教师的一个话轮结束并出现停顿和其他行为(低头看讲义)的间隙,但是因为在课堂上在教师明显放弃自己的话轮之前,他都拥有继续话轮的权利,Yoro 的插入仍然属于发生在教师的话轮当中。可以看出,这种类型的话轮替换跟日常会话中的话轮替换十分接近。

(4) [Jacknick, 2009: 100]

Nadi: And if, can be “my professor recommended me:
to take,”
T: Yeah, > recommended me to take.<
(0.6)
T: I- I ↑think that's correct, it's only, you
know, I don't know if- I'm not one hundred
percent sure, cuase the way ↑I usually hear it
is “My professor recommended that.” Or
“recommended me: to ta-” Yeah, “> recommended
me to take, < ” I think that's fine.
(0.2)
Rod: Or “that I take.”
T: “That I take.” Yeah. Remember? Um, the first?
grammar lesson we did was on the subjunctive?

15 "I recommend that you:," "I recommend that
16 you: take this class." "I recommend that you
17 run every day." "That <u>he</u> run every day." Tha-
18 that was the first unit-
19 {(0.8) ((*T is looking down at paper*))}
20 Yoro: {Uh? - ((*T looks up when Yoro starts*))}=
21 = OK.
22 Yoro: **Is it ever? "recommended <u>me</u> <u>that</u> I take."**
23 T: "Recommended me that I take,"
24 (0.6)
25 T: ↓<u>Ehh</u>, ↑that's? (0.6) Yeah, that's a little. I
26 wouldn't say that.

19.1.2 序列结构

谢格罗夫(2007:22)主张两话轮的相邻对子是最基本的序列结构,多话轮的序列是基本结构的扩展。在对机构性交谈进行研究中研究者发现许多机构性交谈充满着一系列同类的相邻对子,如法庭上律师和嫌疑人之间的问答序列组合。人们发现在语言课堂上也存在类似的序列组合,课堂上常常出现由教师和学生问与答(考虑到语言课堂的特点,我们更愿意把教师和学生完成的相邻对子看作请求与接受)构成的一串相邻对子,如例(5)。

(5)[《汉语课堂教学示范(语法篇)》片段一]
((在带领全部学生跟读把字句"老师把挂历挂在墙上了"后))
01 T: ((用手示意一个同学说句子))
02 S1: 老师把挂历挂在墙上了。
03 T: ((用手示意一个同学说句子))
04 S2: 老师把挂历挂在墙上了。
05 T: ((用手示意一个同学说句子))
06 S3: 老师把挂历挂—在墙上了。

07　T：　啊。((用手示意一个同学说句子))
08　S4：　老师把挂历挂在墙上了。
09　T：　((用手示意一个同学说句子))
10　S5：　老师把挂历挂在墙上了。
11　T：　嗯。((用手示意一个同学说句子))
12　S6：　老师把挂历挂在墙上了。
13　T：　对……

不过，研究者发现，在课堂教学中占统治地位的序列组织是由三话轮组成的序列，这种模式被一些研究者称为 IRE（Initiation-Response-Evaluation）模式（Mehan，1979），如例(6)所示：

(6)［《汉语课堂教学示范(语法篇)》片段二］
T　　((用手示意一个学生重复一个句子))
S　　老师把这瓶花放在妮娜桌子上了。
T　　嗯很好。

一些研究者批评这种模式代表了传统课堂中教师对师生交往活动的支配作用，因为整个的序列由教师引发，同时由教师来结束，学生的选择权受到很大限制。但是从会话分析的角度来看，正是这种序列(特别是第三位置的教师话轮)明确地向学生表明他们的语言学习活动是否被教师接受，是否符合当前的教学目标。有时候，研究者发现学生使用的语言从日常交际的角度来看无可挑剔，但是仍然不被教师接受。如例(7)中学生(L)在第 3 行和第 5 行的回答"in the box"，既没有语法错误，意思又清楚；但是都没有被教师(第 4 行、第 6 行)接受，直到学生回答出完整的句子"the cup is in the box"(第 7 行)，并给予积极的评价(very good)。这是因为完整的句子才是当前的教学目标或学习重点。课堂教学活动就是通过 IRE 这样的基本序列组织一步步地来完成的，它成为课堂研究的重点也就不奇怪了。

(7)［Seedhouse，2004：144］
1　T：right，the cup is on top of the box. ((T moves cup))
2　　now，where is the cup?
3　L：in the box.

4 T：the cup is (.)?

5 L：in the box.

6 T：the cup is in (.)?

7 L：the cup is in the box.

8 T：right，very good，the cup is in the box.

(Johnson，1995，p. 10)

再回到例(1)，可以看出，在学生的话轮完成后如果教师没有及时反馈，就可能面临被其他学生插入，改变当前序列方向的危险(第 3 行)。因此学生话轮之后的位置是一个很关键、很敏感的位置。它是教师帮助学生完成当前学习任务的一个重要切入点。当我们把目光转向这个位置，同样可以发现，教师在此位置并不仅仅对学生的话语进行评价，他还可以完成多种任务。并且教师的参与也不是通过单一的话轮就可以完成。即使是在关注语言形式的活动中，教师所采用的手段也是多种多样的。在例(8)中，教师在帮助学生 L5 表达“the good news is ... and the bad news is ...”，同时练习不规则动词如“go”“break”等。在学生 L5 说出“he went to”后，教师通过提问来帮助他找到动词后的名词(学生 L2、学生 L6 通过回答教师的提问提供答案，并被教师接受)。在第 222 行，教师接纳了其他学生的答案后把它纳入自己的引发话轮中“roller skates so he went”，要求学生 L5 继续完成已经开始的语句(注意教师使用的是 went；而学生使用的则是 went to)。因此在学生 L5(第 223 行、第 226 行)采用“he went to”继续自己的话轮时，教师马上接过话轮，明确告诉学生 L5，“not to”，并自己说出完整的句子。学生 L5 跟着教师的语句重复“roller skating ”及整个语句，完成了任务的一半(the good news)。同样在学生 L5 表达坏消息时也出现了动词使用的错误，通过教师的帮助，最终说出了正确的表达。可以看出，教师在学生的话轮之后，不仅可以评价学生的表现(第 231 行)；更重要的是在学生没有达到教师的要求时采用各种方式来帮助学生完成特定的任务，如要求重新尝试(第 233 行)，提供部分需要的表达形式(第 222 行)，指明错误(第 227 行、第 235 行)，提供模仿的语句(第 227 行)等。

(8) [Walsh，2006：74-75]

218 L5 = the good news is he went to the went to [...]

219　T　he went to what do we call these things the shoes with wheels=

220　L2　= ah skates=

221　L6　= roller skates=

222　T　= ROLLer skates roller skates so [he went]

223　L5　[he went] to=

224　L　= roller SKATing=

225　T　= SKATing=

226　L5　= he went to=

227　T　= not to just he went[roller skating he went roller skating]

228　L5　[roller skating he went roller skating]=

229　T　= let hear it he went the good news [is]

230　L5　[the] good news is he went … eh skating …

231　T　good he went roller skating=

232　L5　= the bad news is he … was broken his leg=

233　T　= he? (2)

234　L5　he he has …

235　T　simple past …

236　L　he broke=

237　L5　= he broke he broke his leg=

即使是在以意义和表达为目的的活动中，教师的角色也绝不仅仅是一个听者，他主要的任务仍然是帮助学生更好地表达自己的想法，寻找更好的意义和形式的配合，推动学生更准确和流利地使用目标语。在例(9)中教师除了提供学生需要的词语(第 136 行)，合作完成语句以外，还两次要求学生澄清自己表达的意义(第 130 行、第 134 行)，直到最后(第 138 行)才提供自己的语句，供学生确认。这样的意义协商活动被认为对促进学生的语言理解和掌握都有很大的帮助。

(9) [Walsh, 2006: 82]

129　L5　= I believe in trying new things and ((1))ideas=

130　T　= er (1) you believe in being POSitive you mean? =

131　L5　= pardon? =

132 T = do you believe in always being positive is that what you mean? =
133 L5 = no … I believe to (3) to have a lot of achievement
134 T (1) do you believe in what do you mean you you should always take opportunities is that what you mean no? =
135 L5 = no I want my life to be very (1)
136 T happy? =
137 L5 = yeah and also I I do many things (1) many different experiences=
138 T = why don't you say you just believe in experiencing as many different things as you want=
139 L5 = oh yeah=
140 T = that's what I think you should say=

19.1.3 会话补救

会话分析对日常会话的研究不仅确立了四种基本的补救类型,发掘出几种常见的补救或补救引发发生的位置,还发现了日常会话中出现的优先模式(如自我补救优先于他人补救),为会话补救的研究奠定了坚实的基础。

当研究者尝试把会话分析对日常会话的发现应用于课堂研究时,他们首先注意到了一些明显的不同。McHoul(1990)利用自己收集的澳大利亚地理课堂教学录像分析补救现象时,发现课堂上的补救行为大多发生在学生出现问题的话轮之后,即 IRE 序列的第三位置。如例(1)的第 8 行以及例(8)中第 227 行教师的话轮,都是用来直接纠正学生在前面话轮中出现的语言错误而发出的。他同时发现,在 IRE 序列的第三位置,除了直接纠正学生的错误,教师往往引发补救行为,让学生自己来纠错。如上文例(8)中[为方便阅读起见重新编号为例(10)],学生在第 232 行的语句"the bad news is he was broken his leg"出现了动词或时态方面的错误。在其后的话轮(第 233 行)中,教师并没有直接纠正学生的错误,而是使用了一个补救引发手段(he ?),启发学生使用正确的动词来完成句子。在学生做出错误的选择(he he has)之后,教师告诉学生此时需要简单过去时(第 235 行),其中一个学生(L)首先说出正确的表达(broke),跟教师一起练习的学生(L5)才得以说出正确的语句(he broke his leg)。McHoul(1990)认为,这种类型的补救跟研究者研究日常会话时发现的他人引发自我补救倾向是一致的。

(10) [Walsh, 2006: 74-75]

232　L5　= the bad news is he … was broken his leg=

233　T　= he? (2)

234　L5　he he has …

235　T　simple past …

236　L　he broke=

237　L5　= he broke he broke his leg=

但是把课堂教学中的补救或纠错跟日常会话的补救做简单的对比是不恰当的,正如 McHoul(1990)的语料所表明的,课堂的补救行为(包括教师引发的学生自我纠错)跟 IRE 序列有密切的关联(MacBeth,2004)。Seedhouse (2004: 142)也认为,课堂上的补救行为与课堂教学环境有很大关联,跟课堂教学中不同阶段的特定教学目标密切相关。他把课堂教学环境细分为三种类型:①形式与准确环境;②意义与表达环境;③任务导向的语境。并对不同语境下的修补行为进行刻画。例如,在形式与准确环境下,教师进行补救的主要目的是帮助学生掌握当前学习的语言形式。这也是 McHoul(1990)的研究所关注的主要补救形式。在意义与表达环境下教师却往往忽视学生表达中出现的错误,更多以提问引发的方式来帮助学生更好地表达自己的想法[参见例(9)中教师的提问]。这种形式的会话补救与日常会话的补救方式倒是十分接近。而在任务导向的环境下,交流活动主要发生在学生之间,他们会利用各种补救手段来完成当前的任务,偶尔会利用教师作为帮手。

利用会话分析的修补机制与选择等级的概念,Seedhouse(2004:164)发现,在形式和准确的环境下,在学生出现错误的语言形式时,教师在大多数情况下却避免使用直接的、未加修饰的否定方式进行评价,如"no" "wrong"等等。例(11)中虽然出现了"wrong"作为评价,但是前面部分使用了"ok"作为肯定评价。Seedhouse 认为,课堂交互活动中的这一现象值得深入探讨。Seedhouse(2004:165-168)归纳了

8 种教师使用的策略，说明教师拥有多种手段来对学生的错误进行回应[参看上文例(8)、例(9)的讨论]。按照会话分析的选择等级概念，直接、不加修饰的否定评价是一种不合意的回应形式。不过，与此形成鲜明对照的是，教师在回应学生的程序性错误时却采用明确而直接的否定方式。在例(12)中，教师实际上是按照课文在问问题，学生却误以为是在问一个真实的问题，因此在第 3 行被教师用明确的方式纠正("no, not you")。Seedhouse 认为，教师在形式与准确环境下的表现实际上是自相矛盾的。这一点对于所谓的交际教学法来说更为明显。因为按照交际法的原则，教师应该鼓励学生尽量多使用目的语，不要怕犯错误；但是教师在处理学生的语言错误时的具体方式却在向学生暗示犯错误是令人尴尬、伤及面子、应当尽量避免的行为。

(11) [Seedhouse, 2004: 168]

```
L: I was born in January sixth
T: ok look. wrong preposition
  (Dinsmore, 1985, p. 229)
```

(12) [Seedhouse, 2004: 173]

```
1 T:   what are you?
2 L:   I am a student.
3 T:→ no, not you, what is she? ((pointing to the textbook))
4 L:   student.
5 T:   well, it looks like a school but if she's not a teacher she's
6      not going to work in a school (.) she's a lawyer (.)
                (Johnson, 1995, p. 44)
```

Wong(2005)的一项研究表明，在第二语言学习者与母语者的交谈过程中，母语者对第二语言学习者的语言错误往往采取回避的态度，虽然第二语言学习者急切地想得到他们的帮助。但是第二语言课堂上的教师的责任却比母语者要大得多。第二语言教师正是通过与学习者的交互活动(以及由他引导的学习者之间的活动)来帮助学习者获得第二语言的交际能力，他的责任远远超出了纠正学习者的语言错误。语言课堂上的补救研究需要研究在教学过程中，在教学的不同环节特别是出现问题的时候，教师采取何种方式与学习者互动，共同完成课堂教学任务，以帮助学习者掌握和使用第二语言。

19.2　挖掘课堂交互活动特点

在课堂交互活动研究方面，研究者从话轮转换、序列结构、会话补救三个方面深入挖掘课堂交互活动的特点。早期的一些研究较多关注于教师主导的课堂活动，描述教师在话轮分配上的主导地位；新近的研究开始关注其他类型的课堂活动或教师主导的课堂中其他类型的活动中的话轮替换形式。在课堂教学活动序列结构方面，会话分析路向的课堂研究显示了它微观分析的优势，细致而深入地描述 IRF/IRE 在课堂教学中的具体实现过程，准确说明后续话轮的作用。针对纠正学生错误的行为，会话分析路向的课堂研究表明，课堂的补救行为跟 IRE 序列有密切的关联，并且研究还发现课堂上的补救行为与课堂教学环境有很大关联，跟课堂教学中不同阶段的特定教学目标密切相关。会话分析路向的课堂研究充分利用会话分析的概念，深入挖掘课堂交互活动的特点，为人们深入理解课堂、改善课堂提供了十分有益的角度和分析手段。

第 20 章　会话分析路向的第二语言习得研究

Firth 和 Wagner(1997)曾发表长文,批评当时的第二语言习得(Second Language Acquisition, SLA)研究存在的弊端。主要表现在用目标语的标准来要求学习者,把学习者看作是能力不足的交际者,而没有看到他们在交际中的全面表现。大多数的研究受到心理语言学的影响,采用实验的方法或以课堂为基础,忽视了学习者在其他场合的学习。此外,主流的 SLA 研究大都是个体和认知取向的,忽视了语言使用和学习的交互特性。Firth 与 Wagner(1997:296)呼吁重构 SLA 的理论和方法,希望未来的研究兼顾语言使用和学习的个体和社会两个侧面,关注语言学习的交互特性,多从交际者本身的视角来进行研究。

20.1　习得如何发生

在 Firth 和 Wagner 等研究者的呼吁下,陆续有研究者利用会话分析的理论和方法进行第二语言的习得研究。会话分析导向的 SLA 研究存在两种类型:第一种是通过某一次课堂教学的细致分析,找出学习者利用何种方式来进行学习;第二种是所谓的纵向研究,通过比较学习者在一定时间段内的行为变化来显示学习者的学习进展。

Markee(2000)专门研究了英语作为第二语言的学习者在课堂上如何利用会话补救来理解和掌握词语。Markee(2000:117-140)研究的课堂学习者首先通过阅读和小组讨论来理解阅读的材料,然后派出一名学生代表来向全班同学做口头展示。这里分析的片段显示,在小组讨论中三位学生如何通过互动特别是会话补救手段来学习其中的一个词语(coral)。可以看出,当 L10 说珊瑚是一种鱼的食物时(第 394 行),学生 L9 抓住其中的关键词(food)表示出自己的不理解或不赞同(第 396 行)。在 L10 试图用同一个词语进行确认时,L9 打断了他[①]的话,说明

① 由于无法确定会话中人物的性别,我们采用“他”来指称,以避免“他/她”这样对汉语来说奇怪的形式。

L10 的理解是不正确的，他认为珊瑚其实像石头。在他的话语结束之后，L10 马上表示（注意话轮开始的“oh”）自己已经明白了“coral”的意义，并补充了一些信息（白色的）。之后 L9 和 L10 就“coral”的意思进一步补充。到了第 407 行，L10 直接把“coral”翻译成了中文，来表明自己的理解。进一步的证据来自第 412 行至 415 行，由于 L9 并不懂汉语，他就用“what”来询问 L10 刚才说了什么，L10（包括 L11）又把“sanku”返译为“coral”。Markee 认为，通过这样的分析至少可以表明学习者如何利用会话的序列结构来理解“coral”的意义，如果再观察同一个学习者（L10）在之后的面向全班的口头陈述中使用“coral”一词的表现，研究者至少可以肯定地说，学习者通过课堂学习已经掌握了这一词语的意义和用法（哪怕是在短时间内）。

(1) [Markee, 2000: 126-127, Excerpt 7.5]

394　L10:　*ok uh:m also is a food for is a food for fish uh and uh
395　　　*(+)
396　L9:　*food?
397　　　*(+)
398　L10:　*foo-
399　L9:　*no it is not a food it is like a stone you know?
400　L10:　*oh I see I see I see I see I know(+)I see(+)
401　　　*a whi-(+) a kind of a (+) white stone < h > //very beautiful//
402　L9:　*　　　　　　　　　　//yeah yeah//very big yeah
403　　　*//sometimes very beautiful and // sometimes when the ship moves
404　L10:　*//I see I see I ok//
405　L9:　*//ship tries ((unintelligible)) I think it was the ((unintelligible;
406　　　*the final part of this turn is overlapped by L10's next turn))
407　L10:　*//oh I see (+) the chinese is un (+)// sanku
408　　　(+ +)

409 L11： *uuh?
410 L10： *sanku
411 (+)
412 L9： *what?
413 L10： *c//orals//
414 L11： *//corals//
415 L9： corals oh okay
416 L10： yeah

20.2 纵向研究

Hellermann 和 Cole(2008)做了一个纵向研究，研究的对象是一个讲西班牙语的英语学习者 José 对课堂活动的参与及历时变化。在开始进行双人的完成任务活动时，由于(目标语)英语能力的不足，José 只能部分参与双人的活动中，也不知道如何结束当前的活动。经过了 16 个月的学习和观察，José 不仅能完整地参与双人活动中，还学会了如何扩展，会说出一些跟当前活动看似无关的话语。片段 8 发生在常规的练习(问对方你昨天做了什么)之后，我们看到 José 跟 S 的交流虽然跟当前的交流有关，却远远超出了教师规定的要求，变成了两人之间的个人交流(关于起床时间的早与晚)。注意两个人都使用了句后附加的方法，“for me”及“for work”，表明二者都已经拥有丰富的交际手段，能够完成复杂的交流。通过分析 José 如何参与及结束课堂上的双人交际活动，Hellermann 和 Cole(2008)细致刻画了学习者在经过一年多的学习后参与方式的变化以及语言手段的习得情况。

(2) [Hellermann and Cole，2008：207，Excerpt 8]

9 J： nh hih (.) did you:: wake
10 |early?
|((points at his worksheet))
11 S： yes. [I (did).
12 J： [yes? What ↑ time?

```
        (1.8)
S:      (at) seven o'clock.
J:      ↑seven o'clock? = it's no(t)
        ear|ly,
S:         |((scratches nose))
        yes it's $ very ear(ly)$ =
J:      = for [me m-  eh yeah=
S:            [for me it's early.
J:      $-maybe for you(h)$  hhheh hih (.) .hhh (.)
        eh sometimes |I wake up five o'clock
S:                   |((begins retrieving materials))
        ((nods))for work?
J:      fo:r work yeah
S:      thank you
J:      (uh Sayeh)thank you ((writing))
```

虽然一些研究者对会话分析导向的习得研究持怀疑态度，坚称上述研究者描述的行为或参与模式的变化并不能说明习得到底是怎么发生的。但是可以看出，会话分析导向的习得研究实际上在很多方面丰富和补充了现有的第二语言习得研究。Markee(2000:165-165)认为，会话分析导向的习得研究的最大优势在于利用真实的语料来揭示学习者的理解和学习是否、何时、怎样、为什么产生。同时，由于会话分析导向的习得研究把学习看作是一种社会交流活动，这种观点也突破了大多数 SLA 研究把学习当作是个体的认知活动的局限。

20.3　偏误研究

会话分析导向的习得研究的优势在 Carroll(2005)的研究中表现得更加明显。Carroll(2005:214-234)收集了日本学习者用英语交流的语料，发现日本学生在说英语时在一些词语结尾的辅音后常常会附加上一个元音，如例(3)中“but”“good”的发音。一般的英语教师或研究者常常把这种现象当作是日本学生受到母语日语的干扰而形成的一种“发音问题”。但是Carroll观察到，这种现象并不是固定不变的，也就是说同一个学生，在同一个短的会话中有时会附加元音，有时又不附加元音。Carroll觉得这个问题并没有表面看起来那么简单，还需要进行深入的研究。

(3) [Carroll, 2005: 214]

```
01 → A: um mm but-o but-o mm (0.59) good-o good-o
02 →       (0.45)good-o [:::
03   S:                  [experien[ce?
04   A:                           [yes [experience
05   K:                           [huh huh huh
06 → S: good-u chance?
07 → A: ye:s [good-u] good-o
08   S:       [yea::h
```

通过对日本学生日常会话的细致研究，Carroll发现，日本学生的元音附加并不是任意的，而是日本学习者为了完成特定的交际任务而采用的一种手段。Carroll(2005)的研究表明，日本学习者的元音附加主要出现在两个位置：第一个位置是一个话轮构成单位(TCU)的中间，这时它的主要作用与前向补救或者词语搜索(forward repair/word search)有密切关系；另一个主要位置是出现在TCU结尾，这时它的主要作用是用来标示发话人虽然完成了当前的一个TCU，但是希望继续另外的TCU以完成一个由多个TCU组成的话轮。也就是说，日本学习者在会话中使用元音附加，并不是由于他们不了解英语的发音规则，相反，他们是为了解决交际中的话轮管理任务而“发明”的一种错误(按照英语的发音规则)而有效的交际方式或策略。

Carroll(2005)在论文的结尾讨论了这项研究对外语教育及外语教师的意义，他提醒教日本学生的英语教师，面对日本学生，不仅要教授他们英语的发音规则，还要教给他们英语中解决相应问题的方法(如英语的填充词语uh/um)等。这项研究对于SLA研究尤其具有启发意义。正如这项研究所揭示的，在分析和描述学习者的中介语或语言能力时，仅仅把它与目标语的标准进行对照是不够的，甚至是不恰当的。学习者在交流中所使用的一些手段，可能是由多种原因促成的。在对学习者（哪怕是初级学习者）的中介语进行系统而深入的分析和描写之前，研究者切不可轻率地把它当作是一种偏误。这种发现需要研究者依据学习者真实交流的语料进行深入而不带偏见（包括各种理论的解释）的观察和分析。会话分析不仅在数据收集而且在解释方法上都为研究和描写第二语言学习者的语言能力提供了强有力的支持。

会话分析路向的习得研究在许多方面丰富和补充了已有的第二语言习得研究。它最大的优势在于利用真实的语料来揭示学习者的理解和学习是否、何时、怎样、为什么产生。会话分析路向的课堂研究不仅在理论上而且在方法上完善和补充了已有的课堂研究方法。目前会话分析路向的课堂研究在英语作为外语或第二语言领域呈现蓬勃发展的势头，但在汉语作为外语或第二语言研究领域还未受到应有的重视。

第21章　教学录像观察与分析：增强意识

会话分析可以为学生观察和分析课堂教学提供一个便利的工具。它不仅十分推崇利用录音录像进行课堂交互活动的分析，而且还提供了一整套的分析工具，可以帮助学生更好地把握课堂活动的产生过程和发展，更深入地理解课堂活动的结构与特点。

在汉语国际教育专业学位研究生培养过程中，会话分析路向的观察与分析方法主要应用于四个环节：①全体学生的教学录像观察；②通过录制教学录像并进行分析提高课堂观察与分析能力；③指导教师利用教学录像帮助学生改善教学；④利用课堂教学录像进行课堂教学研究（包括毕业论文写作）。

21.1　教学录像观察

21.1.1　课堂观察及其重要性

课堂观察方法一般被认为是一种进行教育科学研究的方法，它是指“研究者（观察者）带着明确的目的，凭借自身感官（如眼、耳等）以及有关辅助工具（如观察表、录音录像设备等），直接从课堂情境中收集资料的一种教育科学研究方法”（陈瑶，2000：2）。它的应用范围广泛，除了用于教育科学研究，还用于教师评价和教育决策，也是促进教师职业发展的重要途径。

在教师职前及在职培训中常常包含课堂观察的模块。在汉语国际教育硕士专业学位研究生指导性培养方案中明确提到课程设置包括教学实习，“教学实习包括汉语教学设计、观摩与实践，其中课堂教学实习不低于40学时”[①]。在汉语国际教育硕士专业学位研究生教育实践指导性意见（征求意见稿）[②]中更详细地列举了教

---

① 见 http://www.moe.gov.cn/s78/A22/moe_847/tnull_21773.html。

② 见全国汉语国际教育硕士专业学位教育指导委员会起草的文件（2011年1月13日）。

育实践的几种形式,并建议把“课堂观摩与评课”作为第一步。它要求“学生观摩各种类型、层次、课型的汉语教学,做课堂观察记录,开展课后评课,让学生接触并熟悉汉语教学环境和教学过程,并从理论与实践上评估所观摩教学的得失优劣”。

除了通过观察课堂来学习教学,外语教师还需要通过观察教学来研究教学。对于外语教学研究来说,课堂研究是十分重要的一个领域。Allwright(1983,转引自 Nunan and Bailey, 2010:17)把课堂研究(classroom research)分为三种:输入研究(如教材的作用)、输出研究(如教学方法与学生成绩的关系)和课堂过程研究(关注课堂上发生的事件和行为)。Nunan(1992,转引自 Nunan and Bailey,2010:276)从另一个角度对课堂研究进行分类,分为:课堂过程研究、课堂交互活动与习得关系研究、课堂教学与习得研究。无论如何分类,可以看出,走进课堂,观察课堂上实际发生的行为,都是进行课堂研究必不可少的步骤。

21.1.2 汉语国际教育专业学位研究生课堂观察能力的不足

尽管很多培养院系及培训教师都认识到课堂观察和分析能力对提高汉语国际教育专业学位硕士研究生的教学能力的重要性,并采取各种措施来帮助汉语国际教育硕士专业研究生通过课堂观察来学习教学、研究教学,但是根据一些研究和调查,在培养汉语国际教育硕士专业研究生的课堂观察能力方面仍然存在一些有待改进的地方。张海静(2013)调查了汉语国际教育硕士专业研究生的课堂观摩情况(包括真实课堂观摩和教学录像观摩),发现被调查的汉语国际教育硕士生在课堂观摩方面主要存在五个问题:“①缺乏应有的教学意识,对课堂缺少应有的认识,观摩时所有的注意力都集中在教师或学生的个体行为上忽视了课堂的整体性。②由于没有进行过课堂教学,对课堂教学缺乏应有的了解及评价标准,观摩者很难客观评价课程。部分被调查的汉语国际教育硕士生用评论方式评论所观摩的课,却比较肤浅,而且建立在他们以往学习外语的经验之上,缺乏理论支撑,主观性强。③课堂中值得注意的方方面面很多,听课者常常顾此失彼,注意了教师会忽略了学生;注意力放在学生身上时又顾及不了教师。④大部分观摩者都把课堂观摩的重点放在了教师身上,听课记录也主要集中在教学环节上,但对课堂教学的主体——学生关注不够,往往忽视了学生的反应、认知过程。部分观摩者的课堂记录很随意,犹如流水账,缺乏思考。⑤被调查的汉语国际教育硕士生所选择的听课教室是由学院统一安排的，观摩者缺乏积极主动性，事先没有了解所观摩的课程，观摩过程中无法正确理解教学意图。汉语国际教育硕士生对课堂的整体把握不够，观摩时‘只见树木不见森林’。”因此认为“汉语国际教育硕士生的课堂观摩能力还有待进一步提高”(2013:21)。

21.1.3 解决之道

为了帮助汉语国际教育专业学位硕士研究生提高课堂观察与分析能力，研究者提出了很多很好的建议。如定性观察与定量观察相结合，“全景式”与“聚焦式”课堂观摩相结合，真实课堂观摩与录像观摩相结合(张海静，2013:24-27)；采用观摩教学录像的方式(刘若云、林柱，2009:124)，等等。会话分析路向的课堂观察与分析也强调录音录像的作用，但是必须指出，课堂录像观察或研究固然可以克服传统观察记录的一些缺陷，如记录不全、不准等，但是研究生在观察实际教学时所面临的困难在观察教学录像时依然是存在的。除了通过录音录像把课堂教学的证据固定下来，还需要教会学生分析课堂教学的系统方法，教会学生如何分析课堂教学活动，从课堂教学中获得丰富而真实的材料，用来理解、描述和分析课堂教学的规律，促进自己的专业技能的发展。

21.1.4 面向全体学生的教学录像观察

面向全体学生的教学录像观察是为了让学生通过录像观察，首先是为了让学生理解录像观察的优势，通过互相讨论来理解课堂教学的复杂性。下面详细描述我们所做的一次教学录像观察与分析课的过程。观看的教学录像来自北京语言大学电子音像出版社 2007 年出版的《汉语课堂教学示范(语法篇)》。该课的教学重点是“把”字句，主讲教师使用各种教学手段帮助学生学习“把”字句的用法。

首先让学生观看一遍剪辑过的一小段录像(大约 10 分钟)，在这个过程中要求学生像平时听课时一样做好记录。但是对记录什么没有做要求，学生可以选择记录下自己感兴趣的一些观感或想法。课后收集的学生听课记录显示，学生的记录各式各样，有的寥寥数语，有的写满了一页纸。关注的问题也五花八门，有一名学生甚至注意到“从口音看老师应该是北方人(儿化音)”；一个学生评论说教师经常问“懂了吗”无意义；一个学生发现上课的“学生女生居多”；等等。然后请学生发言,分享各自的观点。

之后是第二次观看录像。在这个小片段中,有一个细节引起了我们的注意,那就是“了”的使用。在片段一中看到,老师(T)①首先示范如何说“把”字句,然后请学生重复。我们发现,在进行重复练习时,三个学生中只有一个学生(S4)说出的句子跟老师要求的句子一致,另外两个学生(S3 和 S5)的句子在句子末尾都缺少“了”,但是教师的反馈都是一样的,“嗯很好”。

(1) [《汉语课堂教学示范(语法篇)》片段一]

T　这个句子应该怎么说呢? 听,啊,应该是这样啊,老师把这瓶鲜花放在妮娜桌子上了。懂吗?

S1　懂了。

S2　“把”是什么什么词语老师?

T　啊一会儿老师讲,先跟我说这个句子啊,老师把这瓶鲜花放在妮娜桌子上了。

S　((一起重复))

T　((用手示意一个学生重复))

S3 →老师把这瓶鲜花放在妮娜桌子上。

T　嗯很好。

T　((用手示意一个学生重复))

S4　老师把这瓶花放在妮娜的桌子上了。

T　嗯很好。

T　((用手示意一个学生重复))

S5 →老师把这瓶花放在我的桌子上。

T　嗯很好。

之后教师教学生在“把”字句中如何使用“没”来进行否定。有意思的是,在分组练习时,两个小组的学生都在否定句子时在句末加上了“了”,教师对此未加注意,也未及时加以纠正。

① 转写中的符号及其意义:T:教师;S:学生;S1:学生 1;SA/SS:全体学生/部分学生;SG1:第一组学生;SG2:第二组学生。→:放置在特定语句之前表示讨论的关注点。

(2)［《汉语课堂教学示范(语法篇)》片段二］

T　　跟老师说，否定时用“没”，老师没把这瓶鲜花放在妮娜桌子上。
　　　((示意学生一起重复))

SA　　((一起重复))

T　　好，再来一遍。

SA　　((一起重复))((至少一个学生说：老师没把这瓶鲜花放在妮娜桌子上了))

T　　好，你们六个。

SG1 → 老师没把这瓶鲜花放在妮娜桌子上了。

T　　这边。

SG2 → 老师没把这瓶鲜花放在妮娜桌子上了。

T　　对了，这就对了。啊就是说有“没”的时候放在“把”的前边，啊放在“把”的前边，啊。

在否定练习即将结束时，一个学生终于有机会提问，即在使用否定的“把”字句时，句末要不要使用“了”(这其实也是我们注意到这一细节的一个原因)。教师跟学生互动，并回答了学生的问题。虽然严格说来教师的回答并不完美，但在这个特定的环境下也算顺利完成任务。

(3)［《汉语课堂教学示范(语法篇)》片段三］

S2　老师啊用“没”，老师没把这瓶鲜花放在妮娜桌子上，“了”要还是不要？

T　你说要不要啊？

SA　不要。

T　不要，对。有“了”就不能用“没”，有“没”就不能用“了”，“了”和“没”跟水和火一样，能在一起吗？

SA　不能。

T　对，不能在一起，啊不能在一起。

在学生写的观察记录中，只有两个学生注意到了在跟老师重复否定句时使用了“了”，但老师没有纠正。在第二遍播放录像时我们按照上述三个片段顺序来进行播放，并进行重复播放，同时配合出现我们对三个小片段所做的转写记录。这时学生才发现，教师不仅在学生否定句带“了”时没有纠正，在肯定句未带“了”时也没有进行处理。直到一名学生对此提问,这个问题才浮出水面。

设置上面的这个小练习,我们的目的是让学生认识到,利用录像进行课堂观察具有真实课堂观察不具备的一些优点。

a. 通过录像分析可以获得一般听课无法获得的信息。在学生的听课记录中所有的学生都没有记录教师或者学生使用的语句,而主要记录教学的流程。**通过录像的暂停以及转写,可以帮助学生关注普通听课模式没有注意或者无法及时记录的细节。**

b. 记录的信息可以反复利用,可以提供给其他学习者或者研究者。

c. 录像分析可以帮助学生收集一些有用的资料,用于将来的毕业论文写作。

如果我们能够把汉语作为第二语言的教学能力细分为一个个微技能,就可以通过教学录像分析研讨这种方法让学生熟悉、理解和学习一个个教学技能;而目前广泛采用的听课记录(加研讨)的方式由于缺乏对课堂观察的真实而准确的记录则效果大打折扣。

21.2　详细记录课堂交流活动的意义

会话分析路向的课堂观察与分析特别强调对课堂交流活动进行录音录像,然后再进行细致分析。因为课堂交流主要通过语言和动作等进行,而这些交流是转瞬即逝的,无法在观察时进行记录。没有对课堂交流的活动详细记录(特别是课堂教学中的语言交流),就无法对课堂活动进行深入细致的分析。这种观察方法和意识的改变,需要我们从一开始就传递给未来的教师,并成为他们职业发展的一个便利工具。

第 22 章　教学录像观察与分析：动手尝试

为了让学生对会话分析路向的课堂观察与分析方法有切实的体会，除了讲授必要的知识和准备，在课程考核内容上也要求学生在课程结束时，结合自己的课堂观察及录制的教学录像，写一篇简短的课堂分析报告，对所观察的课堂进行具体的分析。

下面截取的是一名专硕生完成的课堂观察报告①。为了保持真实，除了少许文字的改动和少量的删除，基本未做改动。目的是为了显示利用这种方法，专硕生对课堂观察可以深入到何种程度。

22.1　专硕生的课堂观察报告

22.1.1　目的

本文的主要目的就是运用会话分析的课堂交互活动的理论来分析汉语国际教育的课堂教学，用来提高自我的课堂观察与分析的能力，以帮助自己和他人在今后的教学中可以发现问题并解决问题。

22.1.2　教学录像的背景介绍

本文的研究对象是同济大学国际文化交流学院预科医班的留学生和 H 老师。这个班共有 18 名留学生，其中 5 名男生，13 名女生，大部分来自非洲地区。这些学生都是从零基础开始学习汉语，学了三个多月了。他们每天上午和下午都有课，上课强度较大。H 老师有一年多的教学经验。课程类型是医学汉语，该课程的目的是帮助这些预科留学生掌握一定的医学汉语词汇和基本知识，为他们今后学习医

---

① 报告由同济大学国际文化交流学院 2019 级研究生张莉韵完成。

学打下基础。听课时长是2课时,全程录像,并最终截取了4分43秒的视频,作为本文的视频素材。

本文将利用该视频作为素材,运用会话分析的方式对语料进行转写,并结合会话分析的基本理论和关键概念,来分析H老师的教学特点和教学情况。

22.1.3 素材分析

(1) [医学汉语课堂片段一]

01 T:好,看这里,看这里。
02 ((手指PPT,PPT显示两个老人在运动的图片,同时出现生词"健康"))
03 他在= 他们在做什么?
04 S1:健康!
05 S2:他们在(0.5)[
06 T: [好,他们的身体怎么样?
07 ((指着图片))

H老师的教学目的是教生词"健康",这个片段是这个生词的导入部分。她的PPT里显示了"健康"的汉字和拼音以及一张图片,图片里的两个老人身体看上去很健康。当显示PPT时,学生同时看到了汉字和图片,H老师希望通过提问的方式来导入生词,让学生说出"健康",她想问的问题是:"他们的身体怎么样?"但是她问了:"他们在做什么?"(第3行)于是有一个看见了"健康"汉字和拼音的学生回答了"健康"(第4行),这显然是答非所问。同时有一个学生听到了老师的问题,并回答:"他们在……"(第5行)但此时H老师意识到了自己的提问存在问题,所以没等这名学生回答完整,或者是她没有听见这名学生的回答,她便更改了自己的提问:"他们的身体怎么样?"

从这个话轮中我们可以发现,H老师导入生词环节的提问没有做好充足的准备,以至于出现了学生答非所问,或者是认真回答却被突然切断,没有得到反馈的情况。运用会话分析的理论,两话轮的相邻对子是最基本的序列结构。老师提问,然后学生回答,这是最基本的两话轮的相邻对子的序列结构。如果教师提问之后,还没等学生回答,或者学生回答了没有回应,然后教师中断了这个话轮,开始了新的话轮。此时，学生会觉得很突兀，且无法顺利过渡到下一个话轮。所以，如果教师在提问以后，学生给出了回答，教师都应当给予一定的回应。即使这个问题和教学目标无关，但是至少可以完成一个完整的话轮，让学生不会有突兀感。

（2）［医学汉语课堂片段二］

06 T：　　　　　　　　［好，他们的身体怎么样？

07 （（指着图片））

08 S：（部分学生回答）他们的身体健康。

09 　（部分学生回答）他们的身体很健康。

10 T：他们的身体（0.2）？

11 （（指着图片））

12 S：（全体学生）健康。

13 T：他们的身体（0.2）很？

14 S：（全体学生）健康。

15 T：好，跟我读，身体健康。

16 （（PPT 显示汉字：身体健康））

17 S：（全体学生）身体健康。

18 T：他们的身体怎么样？

19 S：（部分学生回答）他们的身体健康。

20 　（部分学生回答）他们的身体很健康。

21 T：他们的身体？

22 S：（部分学生回答）很健康。

23 　（部分学生回答）健康。

之后，H 老师想带领学生操练一个句型："他们的身体很健康"。她的问题是："他们的身体怎么样？"然后，大部分学生使用了错误句型："他们的身体健康。"（第 8 行）只有小部分回答正确："他们的身体很健康。"（第 9 行） H 老师又提问了一遍："他们的身体？"她希望学生可以说出"很健康"，但是学生依然回答："健康。"于是，她对她的提问做出了改进："他们的身体很……？"（第 13 行）学生回答："健康。"通过这个话轮从形式上实现了一个语法正确的句子。接下来，她打开 PPT，显示"身体健康”，并让学生跟她读。然后，她又问学生：“他们的身体怎么样?”有部分学生看着 PPT 回答了错误的句子：“他们的身体健康。”（第 19 行）于是，她又问了一遍：“他们的身体?”仍然有部分学生错误地回答了“健康”（第 23 行）。

从这个话轮里，H 老师并没有让所有的学生掌握句型：“他们的身体很健康。”在操练的过程中，对于学生的错误她并没有当即指正，也没有给出正确答案，只是通过自己的提问把影响语法的关键词“很”加上，但是当学生有点明白时，她的 PPT 里显示的却是“身体健康”，她的 PPT 里的句型和她所要完成的目标句型是不一致的，因而造成了学生的误解，所以她一共问了学生 5 遍同样的问题，但是很多学生依然没有掌握这个句型。同时，H 老师在这个话轮里并没有表扬过说得对的同学，也没有自己将正确的句型说出来。这就是造成很多同学没有正确掌握这个句型的原因。

根据会话分析理论，在课堂教学中占统治地位的序列组织是由三话轮组成的序列，这种模式被称为 IRE（Initiation-Response-Evaluation）模式，也就是：教师发问—学生回答—教师反馈。其中，第三位置的教师话轮起到了关键作用，它明确地向学生表明他们的语言学习活动是否被教师接受，是否符合当前的教学目标。H 老师之所以问了 5 遍同样的问题，仍有很多学生没有给出正确答案，原因正是在于她的话轮中缺少第三位置的教师话轮。每次她提问，学生回答之后，有的学生回答对了，有的不对，但是她没有给出反馈，只是继续发问。从她自己的角度，她的继续发问可以视为一种反馈，表示她认为学生的回答是不对的。但是这样的反馈不够清晰明确，会对学生造成困扰。学生并不知道教师的继续发问是肯定了前面的回答，想要继续操练，还是否定了前面的回答，想要别的答案。所以，教师在学生回答了问题之后，必须给与反馈。如果学生答对了，可以说“好”“很好”“非常好”等；如果学生答错了，可以说：“你再想一想”等。总之要给予清晰而准确的反馈。

（3）［医学汉语课堂片段三］

24　T：好，跟我读，祝你身体健康！

（（PPT 显示：祝你身体健康））

25　S：（全体学生回答）祝你身体健康！

26　（（走去窗边关窗，又走回讲台））

27 T：好，你的朋友，你的朋友生病了，你对他：说：什：么？你的朋友生病了，你对他说什么？
28 ((拿名单看))
29 我想请:MDR
30 MDR:祝你身体健康。
31 T：你的朋友生病了！生病了！你对他说什么？
32 ((学生小声议论，有人说:祝你早日康复))
33 MDR：祝你早日—
34 ((转头望着同桌，同桌说:康复))
35 　康复。
36 T：好，你的朋友生病了，你对他说什么？
37 S：(部分学生回答)祝你身体—
38 　　(部分学生回答)祝你早日—
39 　　(笑)
40 T：你的朋友生病了，你对他说什么？OR
41 OR:嗯，祝你早日康复。
42 T：好，你对他说什么？
43 ((用手势示意全体学生回答))
44 S:(全体学生回答)祝你早日康复！
45 T：好，跟我读，祝你早日康复！
46 S：(全体学生)祝你早日康复！
47 T：好，你的朋友生病了，你对他说什么？
48 ((用手势示意全体学生回答))
49 S：(大部分学生回答)祝你早日康复！
50 　　(有一个学生回答)祝你身—

在片段三中，H 老师带学生领读了句型“祝你身体健康”并在 PPT 显示了句型。那么这个句型应当被视为教学目标。但随后她对学生 MDR 提问：“你的朋友生病了，你对他说什么？”（第 27 行）MDR 回答：“祝你身体健康。”因为是错误回答，老师又对她提问了一遍，在别的同学的帮助下，她说出了正确答案。但是当老师又面向全体学生提问时，有的学生依然说，“祝你身体健康”，还有的学生说，“祝你早日康复”，但是都不是特别肯定，老师也没有给出正确答案，只是又提问了一个学生 OR，OR 给出了正确答案。于是，老师又问了全体同学，这时全体同学都说对了，老师又让学生跟读了一遍，又问了一遍全体学生，大部分都回答对了，可是依然有一个学生说错了。

关于这个话轮，我们可以很明显地发现 H 老师的教学目的不是很明确。今天讲的生词是“健康”，句型是：“祝你身体健康。”但是最后操练的句型是“祝你早日康复”。按照学生的反馈来看，“祝你早日康复”是一个以前学过的句型。H 老师是想顺便复习一下，但是中间没有做好过渡，导致最后学生用错句型，而且也没有操练新句型，同时并没有完全理解这两个句型的区别。

当两个相邻对子相关却又不同时，教师应当在中间注意衔接和过渡。比如学了“祝你身体健康”之后，老师想让学生复习以前学过的“祝你早日康复”，那么中间可以插入一个过渡句：“我们来复习一下以前还学过一个差不多的句型”。这样就可以减少发生学生还在前一个相邻对子中，而老师已经进入下一个相邻对子的尴尬了。

(4)［医学汉语课堂片段四］

T：好，现在看—
((出图片，一个老人捂着心脏))
他的身体怎么样?
((拿名单看))
我想请 SM。
SM：他的身体不太：健康。
T：好，很好，他的身体—
S：(全体学生)不太健康。
T：他得了什：么：病? ALN
ALN：他得了：心：：脏病。
T：好，非常好，他得了—
S：(全体学生)心脏病。
T：好，跟我读，心脏病。

64 S:(全体学生)心脏病。

65 T:得了心脏病。

66 S:(全体学生)得了心脏病。

这个片段是H老师想让学生掌握生词“心脏病”和句型“他得了心脏病”。这个教学过程非常流畅顺利,没有出现之前的问题。这主要是因为,学生每次回答完问题后,H老师给予了肯定的表扬:“好,很好。”(第57行、第61行)学生接受到这样的反馈之后,在后续的跟读和提问环节就没有出现错误。

从会话分析的角度来说,在课堂教学中占统治地位的序列组织是由三话轮组成的序列,特别是第三位置的教师话轮明确地向学生表明他们的语言学习活动是否被教师接受,是否符合当前的教学目标。当学生回答老师的提问,老师给予了明确的回应之后,学生才能清楚地知道自己的回答是否符合老师的要求。这样的三话轮序列在教学课堂上起着非常重要的作用。

(5)[医学汉语课堂片段五]

67 ((PPT出图片,健身房里有几个人在健身,同时出现汉字“健身”))

68 T:好,怎么读?

69 S;(全体学生)健身。

70 T:好,跟我读,健身。

71 S:健身。

72 ((看名单))

73 T:MDN,他:们:在:做什么?

74 MDN:他们在::健身。

75 T:好,非常好,他们在—

76 S:(全体学生)健身。

77 T:他们:在哪儿:健:身?

78 ((看名单))

79 我想请ADM。

80 ADM:他们在,恩:::

81 S:(部分学生)健身房,健身。

82 T：他们在哪儿:健身？FB。

83 FB:他们在健—健身房健身。

84 T：他们在哪儿健身?

85 S：(全体同学)他们在健身房健身。

86 ((出PPT文字:他们在做什么？他们的健身。他们在哪儿健身？他们在健身房健身。))

87 T：好,跟我读,在健身房健身。

88 S:(全体学生)在健身房健身。

89 T：好,健身对身体好:吗?

90 S：(全体学生)健身对身体很好。

91 T：we can say,健身—

92 ((出PPT句子:健身有利于身体健康))

93 S:(个别学生)健身有利于—

94 T：好,一起读,好,开始。

95 ((手指着PPT))

96 S:(全体学生)健身有利于:身体:健:康。

97 T：好,跟我读,健身:有利于:身体健康。

98 S：(部分学生) [哦,有利于

99 S：(全体学生)健身有利于身体健康。

这个片段的教学目标是生词“健身”,但是当H老师问ADM“他们在哪儿健身”时,她不知道“健身房”怎么说,此时,老师的反应是立刻找了另一名学生来回答,并且得到了正确答案。这似乎有些不妥,首先,她给予ADM学生的思考时间还不够长。其次,她并没有给予她一定的提示,而突然就找了另一个学生。另外,老师又想教一个新的词语“有利于”。从学生的反馈来看,他们大多数不知道这个词,并且学生对“有利于”的发音也有问题,所以学生在读“健身有利于身体健康”时,明显放慢了语速(第98行),而且还有学生在小声议论“有利于”。所以对于出现的新词,H老师并没有做好足够的铺垫和解释。只是让学生机械地跟读操练来希望学生能掌握这个词。

(6)［医学汉语课堂片段六］

100 ((PPT 出图:一群医生在帮病人带氧气面罩,汉字“氧气”,H 老师将鼠标指着病人))

101 T:好,现在看他是谁?

102 S:(全体学生)他是病人。

103 ((鼠标指着医生))

104 T:他们是—

105 S:(部分学生)他们是:医生

106 (部分学生)他们是:大夫

107 T:他们是医生,他们是大夫。好,病人在:做:什么?

108 ((看名单))

109 CLM

110 CLM:病人在:额::吸,吸,吸入:额:氧气。

111 T:好,病人在—

112 ((显示 PPT 文字:吸氧气))

113 S:(全体学生)吸入氧气。

114 T:好,跟我读,吸氧气。

115 S:(全体学生)吸氧气。

116 T:病人在吸氧气。

117 S:(全体学生)病人在吸氧气。

118 ((鼠标指病人))

119 T:他在做什么?

120 S:(全体学生)他在吸氧气。

在这个片段中,“氧气”和动宾词组“吸氧气”是教学目标。当有学生回答“吸入氧气”(第 113 行)时,和 PPT 上的“吸氧气”并不一致,这两种说法都正确,H 老师并没有回应学生的回答。所以在全体学生朗读的时候,都读成了“吸入氧气”。当学生发现自己读的和 PPT 上的不一致时,学生自己纠正了过来。但是 H 老师并没有解释“吸入氧气”和“吸氧气”都是正确的用法。所以,从学生的角度,他们可能会认为“吸入氧气”是不正确的用法。

我们可以从前面五个片段中发现,H老师在话轮的第三位置缺乏明确的反馈,但是她有着自己的反馈方式。比如,当学生的回答错误之后,她的反馈是再提问一遍,当学生的回答正确之后,她的反馈是说出句子的上半部分,让学生回答下半部分。所以,当学生回答正确"吸入氧气"时,她的反馈是说出了句子的上半部分(第111行),让学生接下半部分,但是当学生发现自己回答"吸入氧气"和PPT上显示的"吸氧气"有出入时,他们会陷入一种困惑,即无法识别"吸入氧气"这种说法是否正确。这依然是H老师在话轮第三位缺乏明确反馈的问题。

(7)[医学汉语课堂片段七]

121　T:好,你们看,医生,医生戴什么?

122　S:(部分学生)医生戴口罩。

123　　(部分学生)医生戴面罩。

124　　((做戴口罩的动作))

125　T:医生戴:什么? JST。

126　S:(部分学生议论)口罩。

127　JST:医:生:额:戴:口罩。

128　T:医生戴—

129　　((做戴口罩的动作))

130　S:(全体学生)口罩。

131　T:跟我读,戴口罩。

132　S:(全体学生)戴口罩。

133　T:戴口罩。

134　S:(全体学生)戴口罩。

这个片段,H老师希望学生掌握句型"医生戴口罩"。根据学生的反馈,学生已经学过"口罩"和"面罩",但是有些学生无法区分这两个东西。JST同学在回答老师的提问时,特别犹豫,语气拉长(第127行),但是在别的同学的提醒之下(第126行),他给出了正确答案。而此时,老师做的戴口罩的动作(第124行),并不能起到提示作用,因为"戴口罩"和"戴面罩"的动作是一样的。由此我们可以看出,当H老师发现学生有错误或者回答不上来时,想给与提示和帮助,不过她的提示对于学生来说是无效的。但是，此时有很多别的学生提醒了这位 JST 同学。

根据会话分析理论，即使是教师主导的课堂上，当教师与某一个学生进行交流时，其他的学生也在以各种方式参与当前的交流，整个课堂活动并不局限于教师与某一特定学生的交流。H 老师的课堂是以教师主导的课堂，基本上话轮都在老师和学生之间，但是偶尔也会出现学生和学生之间也有话轮的情况。其实，作为教师应当善于利用好学生和学生之间的话轮，可以帮助教师完成教学目标。

(8)［医学汉语课堂片段八］

135　T：病人戴什么？HHH。
136　HHH：病人戴口罩。
137　　（学生笑，议论）
138　HHH：哈，面罩。
139　T：好，病人戴什么？
140　　((手指向 HHH))
141　HHH：病人戴面罩。
142　T：戴什么面罩？
143　HHH：氧气面罩。
144　T：病人戴—
145　((PPT 显示氧气面罩))
146　S：(全体学生)氧气面罩。
147　T：跟我读，氧气面罩。
148　S：(全体学生)氧气面罩。
149　T：好，他戴氧气面罩(转身走向黑板)
150　S：(全体学生)他戴氧气面罩。

这个片段，H 老师的教学目的是要教会学生"病人戴氧气面罩"，也就是要学生分清"口罩"和"面罩"的区别。但是，刚开始的时候，大部分学生分不清楚"口罩"和"面罩"的区别。HHH 同学刚开始说"口罩"，后来学生们都在笑，所以他纠正了自己的错误，说"面罩"。虽然 H 老师想提示他，给他做了戴面罩的手势，可是这个手势可以用于"面罩"和"口罩"，和之前的手势一致，这样的提醒对他没有意义。根据会话分析理论，课堂上的补救行为与课堂教学环境有很大关联，跟课堂教学中不同阶段的特定教学目标密切相关。Seedhouse (2004: 142)把课堂教学环境细分为三种类型：①形式与准确环境；②意义与表达环境；③任务导向的语境。在形式与准确环境下，教师进行补救的主要目的是帮助学生掌握当前学习的语言形式。当HHH同学出现错误时，H老师的补救方式是做动作提示，可是这并不能帮助学生说出正确的“语言形式”。老师应当更多地给与语言上的提示，比如：“口罩是病人戴的，不是医生戴的。”这样的提示对学生才有意义。

22.1.4　小结

总的来说，H老师的教学非常认真，准备的材料和课件也很充分。但是仍然有些不足，其中比较突出的问题有：

a. 她在话轮的第三位置的反馈非常不够。也就是当学生给出正确答案时，她很少说“对”“很好”这样的肯定性表扬。整个4分43秒的教学视频中，她只说了两次“很好”“非常好”用于肯定学生的回答，这显然是不够的；同时，当学生给出错误答案时，她的反馈最多的是将问题再重复一遍，而这样的反馈经常给学生造成了困惑和误解。

b. 当学生答错或者回答不上来时，她给予的反馈或提示存在着一些问题，她要么是提问别的同学，要么是给与无效的手势，要么就是重复刚才的问题，这些都没有帮学生真正掌握语言形式。

c. 在两个相邻对子之间缺乏过渡，造成学生还停留在上一个相邻对子中，教师却已经开始了新的话轮，所以学生经常答非所问。

建议H老师应当多注重给与学生清晰简洁的反馈。当学生答对了，就说“对了”；当学生答错了，可以不直接说“错了”，比如说“再想一想”等。另外，当学生答错时，不要立即找别的学生，应给他一定的思考时间，同时给予一些有效的提示。最后，在两个内容之间要注重衔接和过渡。

22.2　对论文的简短评论

可以看到，这名专硕生通过自己走进课堂，录制视频，进行转写分析，学到了很多东西。第一，她的分析是有焦点的。虽然报告中也涉及比如手势的使用，不同环节之间的过渡，但分析的主要关注点却是生词教学环节，具体落实到教师提问学生回答后教师的反馈行为。通过对几个生词教学中教师的反馈行为的观察，报告发现了该教师反馈行为的一些特点，比如不够明确等。第二，所有的分析就是根据教学录像及转写来完成的，做到了有的放矢，避免了空洞、不着边际或者印象式的议论。第三，较为严格按照会话分析的系统进行转写，并利用了会话分析的基本概念来分析课堂交互活动。当然作为刚刚接触学习会话分析的学生，这篇分析报告还存在一些瑕疵。比如，没有把重点放在理解教学活动上，而是过多依赖一些教学原则来提出建议，评价教师的教学活动。当然还包括转写不够准确和分析不够深入等问题。如果经过初步的学习，这名专硕生能够掌握会话分析路向的课堂观察与分析的基本程序，反复地练习，一定会不断提高自己对课堂活动的观察与分析能力，一定会加深自己对课堂活动复杂性和多样性特征的认识。如果把这种能力整合到专硕生的专业知识学习、实践活动等环节中，对快速提高专硕生的专业技定能产生重要的促进作用。

第 23 章　课堂观察与分析：自我提高

在教学实践环节，教学录像也可以发挥重要的作用。在这个环节当中，专硕生的指导教师担负着重要的职责，帮助专硕生提高教学能力，特别是对有机会担任一部分教学任务的专硕生来说。我们的做法是要求专硕生录制一部分自己上课的录像，跟指导老师一起讨论，发现不足，进行改进。

23.1　生词教学个案

蔡志杰录制完自己上课的生词教学环节以后，交给指导教师观看，然后一起讨论。通过观察该生的课堂教学录像，指导教师发现，该生在进行生词教学中花了一部分时间讲解汉字部件。例如：

(1) [生词“环境”的讲解，由蔡志杰提供视频]

01　T　The next “环境”。
02　　((在黑板上写“环境”))
03　　((在汉字上写拼音：huánjìng，同时说“huánjìng))
04　　(啊)“环境”，呃 You know what is the huangjing meaning，
05　　“环境” is the environment，environment，yeah。
06　　“环”just-“环”just 一个“王”字旁，
07　　just like 一个“玩”，对吗？
08　　This part“王”，加上“不”，环。
09　　“境”，“境”we also can see 一个“土”字旁，
10　　add this part “竟”，对吗？
11　　((在黑板上写“土”+“竟”))
12　　And this part we also can change for this part，and a 日，
13　　“立” and “日”，

14 　　　and this is “儿”，对吗？
15 　　　((在黑板上“境”下面写“立”“日”“儿”))
16 　　　Also we can change for (　　).
17 　　　“环境”，“环境”的话我们说周围的环境怎么样？
18 　　　学校周围的环境怎么样？
19 　　　学校周围的环境怎么样，HL？
20 HL？ 呃(please)say again.
21 T 　　学校周围的环境怎么样？
22 HL？ 呃学校的周围[
23 T 　　　　　　　　[嗯。
24 HL？ 很好。
25 T 　　很好，学校周围的环境很好，对吗？很好，嗯。

在观察完学生的授课录像后，指导教师就这个问题跟学生交流，询问她为何花费时间进行汉字部件的分解。在该生后来所写的反思中，她提到了两个原因。第一，是《汉语教程》第一册的下半部分生词量有所增加，给学生学习带来压力。第二，在这个阶段没有专门的汉字课与综合课配合，她在教学中“明显感觉到学生因为不会认以及写汉字，造成汉语学习进程的吃力”①。该同学认为：“由汉字的认读和书写来帮助记忆生词，由部件的联想记忆复习代课缺失的内容，由对部件的拆分、解释等希望降低学生对于疑难汉字书写的恐惧心理，恢复学习汉字的信心。”②

在第一次录像讨论结束后，指导老师希望该生可以阅读词汇教学的一些专著，对自己的生词教学提出改进的具体方法。特别要关注生词教学的重点是什么，汉字教学内容如何与生词教学结合，生词中汉字的部件需不需切分，等等。经过一段时间的阅读和教学实践，该生提出了自己关于生词教学的新策略。具体到词汇讲解主要分四个内容：“①从发音入手，带领大家读生词后，布置课后预习生词的意思，仍不建议学生预习的时候查字典。②上课认读生词，放弃字形，只对个别

① 引自该生《关于生词教学视频的一些感想》，2018年1月30日。
② 引自该生《关于生词教学视频的一些感想》，2018年1月30日。

比较难写或者典型化生词进行字形讲解。主要侧重生词语法以及语用方面逐个讲解。③生词句型操练部分，以现实生活场景为主，在例句、造句过程中逐渐带入课文。④每课结束做听写，根据听写情况对易错或者大面积出错的生词做字形讲解。”①

我们来看一个该生进行生词讲解的例子。我们可以看到，该生在讲解“兴奋”这一生词时，虽然偶然也使用英语进行翻译，但是给学习者提供了大量的例句，帮助学习者来熟悉该词的用法。

(2)［生词“兴奋”的讲解，由蔡志杰提供视频］

01 T 我们经常去超市，对吗？
02 超市里有各种各样的食物，
03 有各种各样的—各种各样的 drinks，对吗？
04 各种各样的。
05 好，接下来我们来看，
06 如果你们喜欢去超市吗？
07 SA 喜欢。
08 T 为什么喜欢去超市？
09 S1 但是没有钱。
10 T 哈哈哈。
11 S1 ((笑，低下头。))
12 T 因为你休息的时候去超市，对吗？
13 SA 对。
14 T 所以你们是去超市以后，
15 看到很多的食物，
16 会很兴奋。
17 ((望着学生，等待反应。))
18 知道什么是兴奋吗？
19 S2 exciting。

---

① 引自该生《关于课堂观察后讨论的一些反思及实施效果》，2018年3月14日。

20 T exciting，对吗？
21 好你们做什么事情很兴奋？
22 你们学习汉语很兴奋吗？
23 SA 是。
24 T 是，哈哈哈我很高兴听到这种啊。
25 还有什么很兴奋？
26 像 LMK 喜欢-知道 LMK 喜欢打羽毛球，对吗？
27 所以打羽毛球的时候他很兴奋，对吗？
28 SS 对。
29 T 还有你们其他同学有什么兴奋-有什么兴奋的事？
30 S ((没有人回答))
31 T： 其他同学有什么兴奋的事？
32 ((找出有关兴奋的 PPT))
33 我们说我们说，
34 这个(XXX)有很多的女朋友，对吗？
35 SA 嘿嘿嘿嘿嘿嘿嘿。
36 T 每次接到她们电话的时候，你是不是很兴奋？
37 S3 非常。
38 T 非常兴奋，对吗？
39 所以说，他说，每次接到女朋友电话的时候很兴奋。
40 然后，
41 我们很多人，
42 正在想妈妈的时候，
43 接到了妈妈的电话，
44 是不是很兴奋？
45 very exciting，
46 很兴奋，对吗？
47 好，说“接到(大)-她的电话我很兴奋”。
48 那么还有呢，

49　我们说，
50　去见朋友的时候。
51　我们刚才说我们放假，
52　三天，
53　很兴奋，对吗？
54　因为我们有三天假期，
55　不用学习了。
56　所以你们会很兴奋，对吗？很兴奋。
57　说你看到书店里的书你很兴奋。
58　因为这本书我找了好久都没有找着，对吗？
59　找了好久都没有找着。
60　好，所以说这个我很兴奋。
61　然后我们说，
62　书店里的书都放在哪里啊？
63　放在书架上，对吗？

23.2　教学录像的优势

研究者都承认，对学生的指导是 件需要精力同时需要技巧的活动，因为需要综合考虑学习者的学能和个性特征等因素。我们发现，教学录像的介入可以部分地减轻指导教师的压力。利用教学录像进行指导具有一些明显的优势，那就是：①真实的镜子；②师生交流的媒介；③反思的具体对象。

具体而言，教学录像为专硕生提供了观察自己教学的真实镜子，让他们能够真切地了解自己教学的实际情况，为进一步的讨论及改进提供了一个基础。也就是说，专硕生只有自己发现了自身的不足，才能产生认真改进的动力。此外，录像及讨论还为师生自己的交流提供了一个平台，教师和学生针对具体的问题进行分析，提出改进方法，而不是抽象地讨论一些理论或问题。对学生而言，教学录像及讨论为他的教学反思提供了真实而具体的对象，使得反思活动更有针对性和操作性。在总结本次教学实验的收获时，该学生首先承认："录过自己视频（不限于教学）的人，一定知道自己当时的感受，也就是认为自己会是什么样子和看视频时的感受心理落差一定非常巨大。”因此她认为：“视频录制可以作为教学自我检视的一个重要手段。”①

① 引自该生《第二学期期中课堂观察后讨论、反思及实施效果》，2018年7月6日。

第 24 章　课堂观察与分析：深入研究

24.1　几种不同的课堂观察与分析

在汉语国际教育专业硕士的毕业论文研究方法方面，亓海峰（2015：89）调查了2011 年全国汉语国际教育硕士优秀学位论文，发现通过文献、访谈、课堂观察等方法采集数据进行定性研究的论文比例较低（占总数的 27%，加上混合型的研究占 40%）。

必须指出的是，有些（专硕）研究论文虽然声称采用了课堂观察的方法，但实际上与我们主张的 CA 路向的课堂观察方法并不是一回事。根据我们的了解，（专硕）所利用的课堂观察主要有两种形式。第一种是确实进行了课堂观察，也按照某种格式进行了记录，但是在论文中呈现的却是研究者对课堂观察的概括性描述，而不是对课堂行为或过程的详细记录。如徐云（2018）的硕士论文《中秘两国汉语教师初级汉语综合课课堂教学的观察与比较——以秘鲁天主教大学孔子学院为例》，目的是"采用课堂观察法，以秘鲁天主教大学孔子学院为例，通过对中方教师和本土教师汉语课堂的观察，从课堂教学和教学内容处理两方面分析总结两类教师在课堂教学中的共同点和不同点，并对秘鲁当地的初级汉语综合课提出一定的教学建议"（2018：Ⅱ）。但是研究者在具体呈现自己的观察结果时却利用表格，概括性地说明了本土教师与中方教师在语音、词汇、语法教学等方面的异同。下表是研究者所观察的一名本土教师教授"在""正在"这一语法点的观察结果和说明。可以看出，虽然研究者提到了本土教师多使用翻译法，利用图片来引导学生，也举出了一两个例子，但是作为读者我们仍然无法清晰了解本土教师进行语法教学的具体过程，也无法判断研究者所给出的概括"翻译法""演绎法"是否准确和恰当。这种课堂观察与 CA 路向的课堂观察有一个重要区别，前者不具备后者十分看重的一个特征，即让"读者可以跟作者拥有同样的信息，可以重复作者的分析"（萨克斯，LC1：27）。

S	教学内容:"在"、"正在" 具体方法:用西语告诉学生"在"和"正在"表示正在进行的动作并复习表示过去的"了"和"过"。用"我们现在在学习呢。(Estamos esdudiando.)"的例子帮助学生进行理解,引出语法结构:"在/正在+V+O+呢"。 否定表达为:没有+V,没在+V。 用图片展示正在进行的动作让学生进行表达。 如:他正在吃饭呢, 　　女儿正在睡觉呢。 教师也告诉学生这一结构不能有明显的时间,如:不可以说"明天我们正在上英语课呢"。	直接进行语法教学,翻译法、演绎法	学生参与课堂,在课堂中主要进行西汉翻译练习,也进行汉语表达。

还有一种课堂观察方式跟CA路向的课堂观察在本质上也有很大区别,那就是不成熟的定量分类。研究者按照自己研究目的进行课堂观察,并做出记录。在论文中呈现的是研究者对观察类型的数量统计,而对各个类别的特征以及如何进行判断并未做出详细的说明,读者无法评估原始数据的可靠性和准确性,只能接受研究者据此所做的分析和推断。朱维斌(2016:11)研究了汉语初级课堂提问环节存在的问题:"使用自然的课堂观察法,在不加干预的情况下,不阻碍教学中任何情况的发生,对最平常的课堂教学中产生的现象进行观察并进行记录。"作者对观察记录的数据进行了汇总,得出数张表格。在原文表2-3中,朱维斌(2016:16)统计出所观察的5名教师在教学中使用不同语言提问的次数。从中我们固然可以看出,三类语言在提问中出现的次数的不同,但是我们无法了解,作者所观察的教师到底如何使用不同语言来提问,有没有可能在一次提问时同时使用两种语言,例如先使用汉语提问,发现学生听不懂再改用英语或泰语。如果发生了这种情况,作者把这种情形归之于哪种类别呢?

教师	T1	T2	T3	T4	T5
教师提问使用语言	教师使用各类语言次数				
1. 使用媒介语(英语)	74	45	37	1	57
2. 使用学生母语(泰语)	2	8	18	46	3
3. 使用目的语(汉语)	50	47	32	47	49

在另一张表格中,作者统计了教师提问后学生的回答方式、教师的等待时间以及提问语速等数据。我们先看第 3 类行为,即教师的提问语速。作者没有告诉我们,他所说的日常生活语速到底是多快或多慢;也没有告诉我们在实际的观察时,他如何判断教师提问语速是快于还是慢于日常生活语速。再看第 2 类行为,即教师的等待时间。根据表上的内容,我们可以得知教师是采用了多种提问方式,如集体回答、点名个别回答、自由竞争等,但研究者没有说明使用不同的提问方式时研究者所谓的等待时间是否有所区别?他是如何测量等待时间的?这些信息的缺乏,使其他的研究者无法对这类研究进行重复性验证,也无法准确评估它的价值。

教师		T1	T2	T3	T4	T5
教师提问后各类行为		各类教学行为次数统计				
A. 回答者的选择	1. 所有学生集体作答	55	44	32	32	40
	2. 随机点名作答	16	22	16	20	28
	3. 按花名册点名作答	13	10	12	8	17
	4. 让学生自愿作答	25	17	20	29	22
	5. 汉语水平高的学生优先	9	4	5	4	1
	6. 汉语水平低的学生优先	8	3	2	1	1
B. 提问后的等待时间	1. 一至两秒	88	85	64	55	78
	2. 三至四秒	23	10	9	28	26
	3. 五至六秒	13	4	13	8	4
	4. 六秒以上	2	1	1	3	1
C. 提问语速	1. 与日常生活一致,正常语速	36	20	15	5	32
	2. 比日常生活稍快	80	76	52	88	64
	3. 很慢	10	4	5	1	13

24.2　会话分析路向的课堂分析与研究

本节将利用一篇采用会话分析路向的研究方法写作的专硕论文来说明会话分析路向的课堂观察和分析与上述两种课堂观察或分析的不同。众所周知,在汉语国际教育专业学位硕士研究生的培养中,教学能力的培养是重中之重。但是经过课程学习和实际环节的培训,专硕生的教学能力到底处于什么样一个现状,存在哪些方面的不足?经过我们初步的调查,虽然有许多研究者关注过汉语国际教育硕士能力的培养,但大都属于理论探讨或利用调查反馈进行的研究。少数的例外如陆汉艳(2017)《中外汉语国际教育硕士语法点讲练能力对比研究——基于第二届"孔子学院杯"汉语国际教育硕士教学大赛》,"选取20名中外选手现场语法点教学展示的参赛视频,共计120分钟,进行文本转写后,对中外选手的各个具体教学环节进行定性考察和定量分析,在此基础上整体对比中外硕士语法点讲练能力的异同,认清各自的优势和问题,从而对汉教硕士教学能力的培养提出建议"(2017:Ⅰ)。需要指出的是,虽然陆汉艳研究的是汉语国际教育硕士的课堂教学能力(语法点讲练能力),但所利用的材料却是来自汉语教学比赛的视频,而不是真实课堂教学的录像。

我们指导的2017级汉语国际教育硕士所做的一项研究(也是该同学的硕士毕业论文),利用多位专硕生实际授课的视频,重点考察专硕生语法教学能力的整体面貌,发现存在的不足,并分析造成目前现状的原因,为改善汉语国际教育专硕生的培养提供有针对性的建议。

这里仅引述该研究利用某一次教学视频所做的观察和分析,以展示会话分析路向课堂研究的一些特征。

(1) [“V+着”教学,视频由王梦玲提供]

01 T 好。

02 我们来看,

03 ((打开一张 PPT))

04 呃,

05 ((又关掉 PPT))

06 我们现在-那我们现在在做什么呢? 现在。

07 SS (上课。)

08 T 上课,啊,学习。

09 上课,好,那我们正在上课对吗?

10 S1 对。

T 我们用“着”怎么说?
S2 我们学习着。
T 我们学习着?
我们上课着?
我们上着课,啊。
[我们上着课,啊。
[((放映一张 PPT:我们上着课呢。))
我们上着课呢,啊①**。**
我们上着课呢。
那-我们
((播放另一张 PPT:大家都看着老师。))
大家现在看—看老师。((双手指向自己。))
大家都看老师。((双手指向自己。))
嘿嘿,大家现在在做什么?
SA 在看老师。
T ((关掉了写着“大家都看着老师”的 PPT。))
嗯,现在都在看着老师。
[((指向黑板上的 S V 着。))
[用“着”,看着老师。
((再次打开 PPT:大家都看着老师。))
[看一下这个图片。
[((打开一张图片,一个人戴着耳机听音乐。))
这个女孩她在做什么?
SA (XXXXXXXXXXX)
T 对,很好。用“着”我们说,她在听着音乐。
((打开一张 PPT。))
她在听着音乐。

---

① 在英语等外语转写中,用大写字母表示某处词语或语句的发音比周围的词语或语句相比声音较大,汉语中权且用粗体表示。

38　　她正听着音乐。
39　　((转向 PPT,她正听着音乐①。))
40　　((PPT 在三个例句上面出现句型归纳:S+V+着+O(+呢)。))
41　　那这就是我们今天要学习的,
42　　((从桌子上拿着贴纸走向黑板。))
43　　第二个,动词加-呃主语加动词加着,
44　　再加一个,
45　　((转向 PPT。))这里我们看一下这里,
46　　(我们)这里加一个"呢"。
47　　"呢",看到吗?
48　　啊,"呢"。
49　　有时候我们可以加"呢",啊。
50　　有时候可以加"呢"。
51 →　还可以在[
52　　　　　　[((在三个句型左边滑出"动作/action"一词。))
53 →　动词,我们现在在上课,上,对吧?
54　　我们看着老师,看,
55　　我们听着音乐,听,
56 →　的前面,可以[
57　　　　　　　[((在三个例句右下角滑出"正、在、正在"。))
58 →　加上正、在或者正在,
59 →　啊,一起,一起用。
60　　((转向黑板上的句型。))
61　　来。
62　　((转向 PPT。))
63　　那我们还可以说,我们上课呢可以说,我们正上着课呢。
64　　对吧,我们正上着课呢,我们在上着课呢。
65　　好,"呢"。

---

① PPT 上面的句子实际是:她正听着音乐呢。

66　　　((转向黑板,把“呢”贴在第二个句型的最后。))
67　　　下面我们来练习一下,
68　　　((打开一张图片,一个人拿着话筒唱歌。)),
69　　　做个小练习。
70　→　大家看,他在做什么?
71　SS　(XXXXXX)
72　T →　对对对,他在唱着歌呢,(唱着歌呢)。
73　　　好,很好。
74　　　((打开另一张图片,一个人坐在地上看书。))
75　SS　(XXXXXX)
76　T　((用手示意翻看书籍。))
77　→　对,她在看着书呢。
78　　　((打开另一张图片,一些老人在打太极拳。))
79　→　他们在做什么?
80　SS　(XXXXXX)
81　T →　对,他们打着太极拳呢,很好。
82　　　好,最后一个,最后一个。
03　　　((打开最后一张图片。))
84　　　这个男孩?
85　SS　(XXXXXX)
86　T　哦,他是-这是什么这是:
87　SS　(照相机。)
88　T →　啊,他拿着相机呢,啊。
89　　　嗯还可以说,他正拿着相机呢,对吧? 照相机,对,很好,(很好)。

根据授课老师 W 老师在课堂开始阶段的介绍,我们知道,这节课的目的是教授“V+着”的用法。根据对该老师整个授课过程的观察,我们看到,W 老师在节课实际上教授了三种不同的句型:

a) S +V +着

例句:老师站着。/门开着。

b) S + V + 着 + O(+ 呢)

例句：我们上着课呢。/她正听着音乐呢。

c) S + V + 着(+NM)+O

例句：姚明穿着一件运动服。/玛丽戴着一副眼镜。

我们暂且不去讨论三种使用“着”的句型放在一起教授是否合适(实际上在练习结束后一名同学提出一个问题,“他正在穿着衣服呢”与“他穿着(一件)衣服”是不是一样。语料中未显示。)上面转写的部分呈现了 W 老师教授和练习第二种句型的具体过程,仅就这一环节而言,我们看到教师在教授第二种“V+着”句型时特别说明,第二种句型是可以跟“正”“在”“正在”一起使用的(第 51—59 行)。但是根据赖帆(2011)的研究,“S+V+着+O”在很多时候是不自足的,需要通过添加状语、添加定语、添加虚词(如“呢”)的方式来使句子自足起来。并且添加的成分不同,也影响“V+着”是否可以与“正”“在”“正在”的配合使用。例如,当动词具有动态特征时,添加状语之后,时间副词“正”“在”“正在”都可以跟“着”一起使用:

(2) [赖帆,2011:50]

(157a) 同学们高高兴兴地跳着舞。

(157b) 晚会快结束时,同学们正高高兴兴地跳着舞。

(157c) 同学们在高高兴兴地跳着舞。

(157d) 同学们正在高高兴兴地跳着舞。

但是,当状语为具有延续特征的不定时时间副词时,只有“在”可以与“着”共现,“正”和“正在”不可以与“着”共现,如:

(3) [赖帆,2011:53]

(166a) 我一直等着你。

(166b) *我一直正等着你。

(166c) 我一直在等着你。

(166d) *我一直正在等着你。

又如,赖帆(2011)认为,如果定语为数量短语,则“着”表示静态的持续,时间副词“在”“正在”不能与“着”共现，而“正”则可以与“着”共现，如：

(4) [赖帆，2011：56]

(172a) 保斯养着两条狗。

(172b) (那时，)保斯正养着两条狗。

(172c) *保斯在养着两条狗。

(172d) *保斯正在养着两条狗。

对照赖帆(2011)的研究成果，我们可以发现，W 老师在教授第二种句型时向学生传递了不准确的信息，并不是在任何条件下，三个时间副词“正”“在”“正在”都可以跟“V＋着”一起使用。第二种句型的使用存在一定的限制，如需添加一定的成分使句子自足，需区别动词的静态意义和动态意义。

通过仔细地观看录像和转写语料，我们还发现一个有趣的现象。上文提到，W 老师在教授第二种句型时告诉学生，第二种句型可以跟“正”“在”“正在”一起使用。这种教授方式同时带来了另一种危险，即可能造成学生混淆 S＋V＋着＋O 或其变化形式(指与三个时间副词一起使用的句型)与另一个句型：S＋在＋V＋(O)。教学视频和转写语料显示，教师似乎并没有意识到这种危险，反而“促进”了这种可能的发生。在引入第二种句型后的练习环节(展示图片，请学生根据图片内容回答问题)，教师的问题是.他/他们在做什么？(第 71 行、第 80 行)，但在反馈话轮都使用了“V 着”形式(第 73 行、第 78 行、第 82 行)。即使我们不去做进一步的研究，仅仅依靠教师作为汉语母语者的语感，我们也不难发现，对于“他们在做什么？”这样的问题，自然的回答难道不是“他们在打太极拳”吗？为什么一定要求(引导)学生使用“他们打着太极拳呢”这样的句子？难道仅仅因为这个句型是当天的学习重点吗？

通过对 W 老师语法教学视频的分析，研究者发现了该名教师在语法讲解和练习阶段存在的一些问题。如果教师在讲解和练习时不能为学习者提供符合汉语实际使用情形的信息，恐怕学生将很难获得他们需要的真正的交际能力。这一研究为我们了解汉语国际教育专硕生的能力发展提供了真实可信的依据，对今后改进对汉语国际教育专硕生的培养也具有重要的参考价值。尤为重要的是，这里的分析是建立在对课堂教学活动的真实记录以及转写语料之上的，其他研究者可以同样接触分析的片段，从而对研究者的分析做出判断和评价。

虽然在专硕生的毕业论文中我们看到许多学生宣称使用了课堂观察方法来收集研究数据，但仔细分析，他们所说的课堂观察数据其实是对自己观察结果的总结或概括，有时是把观察结果转换为定量数据，并没有提供原始的对课堂交互活动的记录。教会学生走进课堂，观察课堂，分析课堂，了解课堂教学的实际情形，对专硕生的职业发展是十分重要的。通过不懈的学习，研究生也可以动手进行课堂研究，分享自己的研究成果，锻炼自己的研究能力，成为教学和科研兼顾的第二语言教师（完成一篇合格的毕业论文只是这个过程中的一个副产品，而不是一项负担）。会话分析路向的课堂观察和分析方法注重对交互活动的真实记录（通过录像与转写），具有严格的分析程序，是分析社会交互活动的一种重要路向，理应成为专硕生职业发展的有益工具。

参 考 文 献

［1］曹炜.2005.现代汉语中的称谓语和称呼语［J］.江苏大学学报（社会科学版）（2）：62-69.

［2］陈默.2015.汉语作为第二语言自然口语产出的复杂度、准确度和流利度研究［J］.语言教学与研究（3）：1-10.

［3］陈秀清，张凯.2010.“可不是”的词汇化［J］.渤海大学学报（6）：123-127.

［4］陈佑林.1987.论口语与书面语的关系［J］.华中师范大学学报（哲社版）（6）：122-128.

［5］黄伯荣，廖序东.1991.现代汉语（下册）［M］.北京：高等教育出版社.

［6］金霞.2011.二语口语广度测试及其对口语流利度的预测能力［J］.当代外语研究（1）：36-41.

［7］来鲁宁，郭萌.2003.称呼语及其语用功能［J］.北京理工大学学报（社会科学版）（增刊）：17-19.

［8］李杰明，李杰群.2000.汉语流行口语［M］.北京：华语教学出版社.

［9］李猛.1999.常人方法学［M］//杨善华.当代西方社会学理论.北京：北京大学出版社.

［10］李明洁.1997.现代汉语称谓系统的分类标准与功能分析［J］.华东师范大学学报（哲学社会科学版）（5）：92-96.

［11］李晓琪.2006.博雅汉语·高级飞翔篇Ⅱ［M］.北京：北京大学出版社.

［12］李佐文.2001.话语提示语及其功能研究［D］.上海：上海外国语大学博士论文.

［13］理查德，罗杰斯.2000.语言教学的流派［M］.北京：外语教学与研究出版社.

［14］刘虹.2004.会话结构分析［M］.北京：北京大学出版社.

［15］刘珣.2000.对外汉语教育学引论［M］.北京：北京语言大学出版社.

［16］刘永厚.2010.汉语称呼语的研究路向综观［J］.语言文字应用（3）：89-97.

［17］刘运同.2001.程序性提问及应答［J］.同济大学学报（社会科学版）（3）：84-89.

[18] 刘运同.2006.独白话语中的补救研究[J].中国语文研究(香港中文大学)(2):113-119.

[19] 刘运同.2007.会话分析概要[M].上海:学林出版社.

[20] 刘运同.2009."可不是"的功能[J].樱美林大学学报(日中言语文化)(7):43-51.

[21] 刘运同.2011.话语标记"就是说"[C]//刘运同.一读就懂——汉语词汇短语18句.台北:秀威资讯科技:71-6.

[22] 刘运同.2019.课堂观察与分析:会话分析路向的探索[M].上海:上海教育出版社.

[23] 路扬.1996.伯明翰学派话语分析法及其发展[J].外语研究(4):6-9+12.

[24] 吕叔湘.2002.现代汉语八百词[M].增订本.北京:商务印书馆.

[25] 束定芳,庄智象.1996.现代外语教学:理论、实践与方法[M].上海:上海外语教育出版社.

[26] 孙利萍.2011.答语标记"可不是"的词汇化及其形成机制[J].宁夏大学学报(人文社会科学版)(1):53-57.

[27] 吴青.2008.现代汉语肯定性言语反馈成分研究[D].上海:华东师范大学硕士论文.

[28] 徐志红.2003.话说"就是"和"就是说"[J].北京教育学院学报(1):36-40.

[29] 叶蜚声,徐通锵.2010.语言学纲要[M].王洪君,李娟修订.修订版.北京:北京大学出版社.

[30] 于宝娟.200.汉语话语标记"这不"、"可不"[J].修辞学习(4):17-24.

[31] 张杰.1994.伯明翰学派话语分析模式及其问题[J].安庆师范学院学报(1):16-20.

[32] 张文联.2011.中高级对外汉语教学中的文学教学研究[J].黑龙江高教研究(5):179-183.

[33] 郑献芹.2006.近十年来汉语称谓词语研究概况及分析[J].江西社会科学(5):181-184.

[34] ALLWRIGHT, D. 1983. Classroom-centered Research on Language Teaching and Learning: A Brief Historical Overview[J]. TESOL

Quarterly, 17(2) : 191-204.

[35] BIBER D, JOHANSSON S, LEECH G, et al. 2009. Longman Grammar of Spoken and Written English[M]. Beijing: Foreign Language Teaching and Research Press.

[36] BUTTON G. 1990. Going up a blind alley: conflating conversation analysis and computational modeling[C]//LUFF P, GILBERT G N, FROHLICH D M. Computers and Conversation. London: Academic Press: 67-90.

[37] CARROLL D. 2005. Vowel-marking as an Interactional Resource in Japanese Novice ESL Conversation[C]//RICHARDS K, SEEDHOUSE P. Applying Conversation Analysis. Basingstoke: Palgrave Macmillan: 214-234.

[38] CENCINI M. 2002. Transcribing and encoding spoken data. OCLC Systems & Services: International digital library perspectives[J]. 18(4): 205 - 211[2019-12-25]. https://doi.org/10.1108/10650750210450149.

[39] CLAYMAN S E. 2013. Conversation Analysis in the News Interview[M]// SIDNELL J, SITVERS T. The Handbook of Conversation Analysis. Malden, MA: Wiley-Blackwell: 630-656.

[40] CLAYMAN S E. 2013. Turn-Constructional Units and the Transition-Relevance Place[M]// SIDNELL J, SITVERS T. The Handbook of Conversation Analysis. Malden, MA: Wiley-Blackwell: 150-166.

[41] COSER L A. 1975. Presidential Address: Two Methods in Search of a Substance[J]. American Sociological Review, 40(6): 691-700[2020-02-02]. http://www.jstor.org/stable/2094174.

[42] FIRTH A, WAGNER J. 1997. On Discourse, Communication, and (Some) Fundamental Concepts in SLA Research[J]. The Modern Language Journal, 81(3): 285-300.

[43] FOX B, HAYASHI M, JASPERSON R. 1996. Resources and repair: a cross-linguistic study of the syntactic organization of repair[C]//OCHS E, SCHEGLOFF E A, THOMPSON S A. Interaction and Grammar.

Cambridge: Cambridge University Press: 185-227.

[44] FREEBODY P, FREIBERG J. 2011. Ethnomethodological Research in Education and the Social Sciences: Studying 'the Business, Identities and Cultures' of Classrooms[M]// Markauskaite L. et al. Methodological Choice and Design, Methodos Series 9. DOI 10.1007/978-90-481-8933-5_7.

[45] GARDNER, R. 2013. Conversation Analysis in the Classroom[M]// SIDNELL J, SITVERS T. The Handbook of Conversation Analysis. Malden, MA: Wiley-Blackwell: 593-611.

[46] HAVE P t. 1999. Doing Conversation Analysis: A Practical Guide[M]. London: Sage Publications.

[47] HELLERMANN J, COLE E. 2008. Practices for Social Interaction in the Language-Learning Classroom: Disengagements from Dyadic Task Interaction[J]. Applied Linguistics, 30(2): 186-215. doi:10.1093/applin/amn032.

[48] HEPBURN A, BOLDEN G B. 2017. Transcribing for Social Research[M]. London:Sage Publications.

[49] HERITAGE J, ATKINSON J M. 1984. Introduction[C]//ATKINSON J M, HERITAGE J. Structures of Social Action: studies in conversation analysis. Cambridge: Cambridge University Press: 1-16.

[50] HERITAGE J. 1984. A change of state token and aspects of its sequential placement[C]// ATKINSON J M, HERITAGE J. Structures of Social Action: studies in conversation analysis. Cambridge: Cambridge University Press: 299-345.

[51] HOPKINS D. 1985. A Teacher's Guide to Classroom Research[M]. Milton Keynes: Open University Press.

[52] HOWATT A P R. 1999. A History of English Language Teaching[M]. Shanghai: Shanghai Foreign Language Education Press.

[53] HUTCHBY I, WOOFFITT R. 1999. Conversation analysis: principles, practices, and applications[M]. Cambridge: Polity Press.

[54] JACKNICK C M. 2009. A Conversation Analytic Account of Student-initiated Participation in an ESL Classroom[D]. New York: Columbia University.

[55] JEFFERSON G. 1974. Error correction as an interactional resource[J]. Language in Society, (2): 181-199.

[56] LABOV W, FANSHEL D. 1977. Therapeutic Discourse[M]. New York: Academic Press.

[57] LEVINSON S C. 1983. Pragmatics[M]. Cambridge: Cambridge University Press.

[58] LINELL P. 2005. The Written Language Bias in Linguistics: Its Nature, Origins and Transformations[M]. London: Routledge.

[59] MACBETH, D. 2004. The Relevance of Repair for Classroom Correction [J]. Language in Society, 33(5): 703-736.

[60] MARKEE N. 2000. Conversation Analysis[M]. Mahwah, NJ: Lawrence Erlbaum Associates.

[61] MAYNARD D W. 2013. Everyone and No One to Turn to: Intellectual Roots and Contexts for Conversation Analysis[M]//SIDNELL J, SITVERS T. The Handbook of Conversation Analysis. Malden, MA: Wiley-Blackwell: 11-31.

[62] MCHOUL A. 1978. The Organization of Turns in Classroom Talk[J]. Language in Society, (7): 183-213.

[63] MCHOUL A. 1990. The Organization of Repair in Classroom Talk[J]. Language in Society, (19): 349-377.

[64] MEHAN H. 1979. Learning Lessons: Social Organization in the Classroom [M]. Cambridge, MA: Harvard University Press.

[65] NUNAN D, BAILEY K. 2010. Exploring Second Language Classroom Research: A Comprehensive Guide[M]. Beijing: Foreign Language Teaching and Research Press.

[66] NUNAN D. 1992. Research Methods in Language Learning[M].

Cambridge：Cambridge University Press.

[67] POMERANTZ A，HERITAGE J. 2013. Preference[M]//Jack Sidnell & Tanya Sitvers（eds.），The Handbook of Conversation Analysis. Malden，MA：Wiley-Blackwell:210-228.

[68] PSATHAS G. 1995. Conversation Analysis：The Study of Talk-in Interaction[M]. London：Sage Publications.

[69] RICHARDS J C，PLATT J，PLATT H. 2000. Longman Dictionary of Language Teaching and Applied Linguistics[Z]. Beijing：Foreign Language Teaching and Research Press.

[70] SACKS H，SCHEGLOFF E A，JEFFERSON G. 1974. A Simplest Systematics for the Organization of Turn-taking for Conversation[J]. Language，(50)：696-735.

[71] SACKS H. 1995. Lectures on conversation（Volumes Ⅰ & Ⅱ）[M]. Oxford：Blackwell.

[72] SCHEGLOFF E A，Jefferson G，Sacks H. 1977. The Preference for Self-Correction in the Organization of Repair in Conversation[J]. Language，53(3)：361-384.

[73] SCHEGLOFF E A，Thompson S A. 1996. Introduction[C]// OCHS E，SCHEGLOFF E A，Thompson S A. Interaction and grammar. Cambridge：Cambridge University Press：1-51.

[74] SCHEGLOFF E A. 1968. Sequence in conversational openings[J]. American Anthropologist，(70)：1070-1095.

[75] SCHEGLOFF E A. 1979. The Relevance of repair to syntax-for-conversation[C]//Givón T. Syntax and Semantics 12：Discourse and Syntax. New York：Academic Press：261-286.

[76] SCHEGLOFF E A. 1992. On talk and its institutional occasion[C]//DREW P，HERITAGE J. Talk at work：interaction in institutional settings. Cambridge：Cambridge University Press：101-134.

[77] SCHEGLOFF E A. 1993. Reflections on quantification in the study of

conversation[J]. Research on language and Social Interaction，(26)：99-128.

[78] SCHEGLOFF E A. 1995. Introduction[M]//Sacks H. Lectures on Conversation. Vol.1 & Vol.2. MA：Wiley-Blackwell.

[79] SCHEGLOFF E A. 1996. Confirming allusions：towards an empirical account of action[J]. American Journal of Sociology，102(1)：161-216.

[80] SCHEGLOFF E A. 1996. Turn organization：one intersection of grammar and interaction[C]//Ochs E，SCHEGLOFF E A，Thompson S A. Interaction and grammar. Cambridge：Cambridge University Press：52-133.

[81] SCHEGLOFF E A. 2007. Sequence Organization in Interaction：A Primer in Conversation Analysis Ⅰ[M]. Cambridge：Cambridge University Press.

[82] SCHEGLOFF E A. 2009. One Perspective on Conversation Analysis：Comparative perspectives[C]//Sidnell J. Conversation Analysis：Comparative Perspectives. Cambridge：Cambridge University Press：357-406.

[83] SCHENKEIN J N. 1978. Sketch of an Analytic Mentality for the Study of Conversational Interaction[C]//SCHENKEIN J. Studies in the Organization of Conversational Interaction. New York：Academic Press：1-6.

[84] SCHERER G A，WERTHEIMER M. 1964. A Psycholinguistic Experiment in Foreign Language Teaching[M]. New York：McGraw-Hill.

[85] SEEDHOUSE P. 2004. The Organization of Language Classroom Interaction. Language Learning[J]. 54(S1)：181-222. DOI：10.1111/j.1467-9922.2004.00272.x.

[86] SILVERMAN D. 1998. Harvey Sacks：Social Science and Conversation Analysis[M]. New York：Oxford University Press.

[87] STIVERS T，SIDNELL J. 2013. Introduction[M]//SIDNELL J，SITVERS T. The Handbook of Conversation Analysis. Malden，MA：Wiley-Blackwell：1-8.

[88] WALSH S. 2006. Investigating classroom discourse[M]. London：Routledge.

[89] WANG Y. 2005. A Study on the Organization of Repair in Mandarin Chinese Conversation[D]. Hongkong：The Chinese University of Hong Kong.

[90] WARING H Z. 2013. Managing Stacy：A Case Study of Turn-taking in the Language Classroom[J]. System，(41)：841-851[2019-12-26]. http://dx.doi.org/10.1016/j.system.2013.08.007.

[91] WEBER E G. 1993. Varieties of Questions in English Conversation[M]. Amsterdam/Philadelphia：John Benjamins B.V.

[92] WONG J. 2005. Sidestepping the Grammar[C]//Richards K，Seedhouse P. Applying Conversation Analysis. Basingstoke：Palgrave Macmillan：159-173.

[93] WU RUEY-JIUAN. 2000. Final Particles in Mandarin Chinese：A Conversation Analysis of A and Ou[D]. California：UCLA.

[94] XIE X Y. 2011. Turn Allocation Patterns and Learning Opportunities[J]. ELT Journal，65(3)：240-250[2019-12-26]. doi:10.1093/elt/ccq064.

[95] ZHANG W. 1998. Repair in Chinese Conversation[D]. Hongkong：Hong Kong University.

后　　记

在上海外国语大学攻读博士期间，我对会话分析产生了浓厚兴趣。毕业以后一直从事汉语国际教育工作，同时进行会话分析的引进、教学和研究工作。本书较为全面地体现了我把会话分析应用于汉语国际教育的尝试和努力，目的在于帮助汉语国际教育硕士研究生或相关专业的学生了解会话分析的理论和方法，为自己的学术研究和职业发展多准备一个便利的工具。

本书的出版得到了许多专家和有关部门的指导和支持。同济大学国际文化交流学院孙宜学教授一直鼓励和支持参加汉语国际教学的老师们钻研理论，从实际中探索具有同济大学特色的汉语国际教育模式，带领大家申请了同济大学研究生教学改革与研究项目。本书的出版得到了 2019 年同济大学研究生教材建设项目资助。

同济大学汉语国际教育 2017 级、2018 级、2019 级专硕生采用了本书的部分内容作为学习资料，并提出了宝贵的建议。2017 级的蔡志杰、王梦玲同学参加了我主持的 2018 年度同济大学研究生教学改革与研究子项目，并递交了自己授课的教学视频，还多次参加视频讨论和反思活动。本书第 22 章引用了 2019 级专硕生张莉韵撰写的课堂分析报告。我的研究生、2019 级的王燕同学参与了本书的校对工作。在此对四位同学的参与和贡献表示诚挚的谢意。

本书的部分内容曾在华东师范大学国际汉语文化学院、山东师范大学国际教育学院、暨南大学华文学院为汉语国际教育专硕生进行过讲授，感谢马国彦老师、王其和老师、郭文娟老师、曾毅平老师的邀请和评论。参与讲座的教师和学生提出的问题，也帮助我进一步完善了书稿的内容。

最后，感谢同济大学出版社的大力支持以及本书责任编辑丁会欣女士认真负责的审读。

由于作者学识浅薄，加上时间仓促，不当之处在所难免，恳请专家和读者批评指正。

刘运同

2020 年 4 月 3 日